WELL-BEING

「いつも時間がない人」のための

タスク管理の結論

[著] 北村拓也 [監修] 精神科医 廣山祐仁

SOGO HOREI PUBLISHING CO., LTD

SCRUM

はじめに

時間が足りない、仕事ばかりで家庭に時間を使えない、やることが増える一方で心の余裕がないという問題に直面している方は多いのではないでしょうか。

この本を手に取っていただいたあなたも、その一人かもしれません。

私も同じような悩みを抱え、さまざまな時間術やタスク管理術に関する本を読んでは試し、挫折し、模索してきました。そして結論に出合いました。

あなたは、アメリカ企業の約58%が採用している、ある〝方法〟を知っていますか？

統計結果によると、この方法を実践したチームは、製品の品質が250%向上したそうです。さらに、実践している人の85%は、仕事の質が上がったと実感しています。

この方法には、生産性を大幅に上げる効果もあります。取り入れたことにより、生産性が3倍から最大8倍になったと実証されました。

そして、使用した人の78％が「非常に満足している」と回答しており、同僚や仲間に積極的に推奨しています。

その〝方法〟とは、「**スクラム**」です。

スクラムとは、日本の新製品開発プロセスに関する論文をもとにした、チームメンバー全員が協力し、柔軟かつ迅速に、効率よく開発を進める手法です。スクラムでは、各メンバーがルールを設定し、それに基づき責任を持って行動するため、指示を待たず自己管理型でタスクを積極的にこなしていきます。仕組みに問題がある場合や改善の余地がある場合は、その仕組み自体を見直し適応させることを重視し、さらなる効率化をはかります。

これは、選手同士が肩を組みボールを獲得するラグビーのセットプレーの「スクラム」同様、開発の初期から最終段階までチーム全体（複数人）で協力することが不可欠で、ソフトウェア開発に応用されています。

私はこの手法を、「個人」が充実した満ち足りた人生をデザインするためにアレンジしました。それが本書でお伝えする「ウェルビーイングスクラム」（ウェルスク）です。

ウェルスクは、単に生産性の向上を目的とするタスク管理術ではありません。ウェルビーイング（Well-being＝身体的・精神的・社会的に良好な状態）を持続するための〝ライフデザイン術〟です。

この方法を取り入れることで、時間に追われず、仕事と家庭のバランスを取り、心に余裕を持って生きることができるようになります。

本書では、具体的なステップや実践例を交えながら、誰でも簡単に取り入れられる方法を紹介しています。私自身の経験と、ポジティブ心理学の事例をもとに、ウェルビーイングを実現するための道筋を示します。

ウェルスクが生まれた背景は、私のプログラマーとしての個人的体験です。ソフトウェア開発において、数カ月前に自身で書いたコード（コンピュータへの命令）を見返すと、まるで別人が書いたかのように感じることがよくあります。この現象に対処するため、開発者は未来の自分や他者がコードを理解できるよう、コメントを加えることが一般的です。ここから、私たちは一人の個として確固として存在しているように見えても、日々変化していることがわかります。

そこで、過去の自分と今の自分、未来の自分を「別人」のチームだと捉えることで、チーム開発で用いられる「スクラム」が個人の日常生活においても役立つかもしれないと考えました。

実際に、日々の生活に取り入れたところ、次のような成果を挙げることができました。幸福は主観であるため、客観的な成果を紹介します。

- 5社の役員を務めながら飛び級で広島大学大学院を卒業し、博士号（工学）を取得
- 学生時代に創業したゲームアプリ会社を売却
- 40以上のプログラミング関連のコンテストで受賞

- 子ども向けプログラミンスクールを創業し、全国20店舗以上に展開
- 広島大学の学長特任補佐・特任助教やweb3関連、高校の複数アドバイザーに就任
- 文部科学省が支援するスクラムを用いた高度IT人材育成プログラム「enPiT」で全国優勝
- 10冊の書籍を出版（電子書籍含む）

今は家族や友人関係も良好で、日々幸福をかみ締めています。
ただし、すべてが順調だったわけではありません。

私は学生時代、不登校で教師からいじめられていました。事業に失敗して数千万円の借金を抱えながら、朝は新聞配達、日中はフルタイムで働いていた時期もあります。当時は深夜の1時半に起床して配達に行き、7時半に帰宅、そこから受託していた仕事を夜までこなす生活でした。
時間がないと感じる中で、ウェルスクを用いて〝本当に大切なこと〟に集中することで、その年に年商1億円を達成しました。

時間がないことを嘆くのではなく、限られた時間をいかに有効活用するかという思考に切り替える大切さを学んだのです。

この本を読んで、あなたも目標やタスクを効率よく達成し、持続的な幸福を得られる、充実した人生を送るための第一歩を踏み出してください。

人生をより豊かにするためのガイドとして、この本を活用していただければ幸いです。

北村拓也

contents

chapter 1

人生の「時間」は、幸福に生きるために使う

chapter

2

代表的な5つのタスク管理法には限界がある

chapter

3

人生の羅針盤となる「人生計画書」を作る

chapter 4

頭の中をスッキリさせる「やりたいことリスト」を作る

chapter 5

夢を行動に変える「人生アクションリスト」を作る

chapter 6

週次活動計画「週次アクションリスト」を作る

chapter 7

日次活動計画「日次アクションリスト」を作る

chapter 8

成果を祝う「達成リスト」と仕組みを改善する「学びリスト」を作る

chapter 9

ウェルビーイングスクラムに適切なツール

chapter 10

ウェルビーイングスクラムを最小限で始める方法

chapter 11

ウェルビーイングスクラム応用編Q＆A

chapter 1

人生の「時間」は、
幸福に生きるために使う

“明日死ぬかのように生きよ。
永遠に生きるかのように学べ。”

——— ガンジー

あなたが仕事の生産性を高めることに求める「意味」は？

仕事をしっかりこなしながら、家族や友人との時間や趣味の時間も充実させたい。しかし、気がつくと夜になっていて、「今日も何もできなかった」と感じる。この焦燥感からプライベートの時間を犠牲にして仕事をするも、思うような成果が上がらない。こんな経験をしたことがある方は多いのではないでしょうか。

私自身も大学の博士課程のとき、深夜まで営業しているカフェにPCを持ち込んだものの、研究はそっちのけで真夜中のスイーツセットを夢中で食べて、自分を責めながら帰宅する日々を過ごしていました。

しかし、その後、博士課程を飛び級で修了し卒業できるほど生産性を高めることができました。それは、**自分自身を変えるのではなく、自分の行動を仕組み化し、その仕組みを**

改善するようにしたからです。

例えば、あなたが上司だとして、部下の業務を管理していると考えてみてください。部下にタスクを割り振り、目的と目標を伝えます。もし部下の仕事の効率が悪ければ、そのやり方を改善しようと考えるでしょう。

時間管理も同じです。私たちは皆、24時間という平等な時間を与えられています。そして、その管理者は自分自身です。もし自分の時間の使い方に問題を感じているのであれば、そのやり方を改善しなければなりません。

自分の行動を仕組み化し、その仕組みを改善する方法が、本書で紹介する「ウェルビーイングスクラム」（以降、ウェルスク）です。

何のために仕事をするのか？

人生における「目的」は、人それぞれ異なります。もちろん仕事を効率的にし、生産性を高めることは目的の一つです。しかし、その先にあるものは、身体的・精神的・社会的に良好な状態である「ウェルビーイングの持続」ではないでしょうか。

誰も、回し車を走るハムスターのように、目的なく回転数（＝生産性）を上げることには興味がないはずです。なぜなら、タスクは早く終わらせたところで新しいタスクが増えるだけだからです。

目的（ウェルビーイングの持続）と手段（タスク管理）を混同すると、本来の目的を見失ってしまうリスクがあります。

目的と手段の混同をわかりやすく示した有名な話に「メキシコ人漁師とハーバード大卒のＭＢＡコンサルタントの出会い」があります。簡単に紹介します。

ある漁師は1日の数時間で漁を行い、残りの時間は家族と過ごしたり趣味を楽しんだりしていました。それを見た青年は、漁師にもっと長く漁を行い、より多くの魚を捕まえて大きなビジネスを築くことを提案しました。ただし、それには15～20年かかります。その後、豊かになって引退すれば、家族との時間や趣味を楽しむことができると青年は説明します。しかし、それは漁師がすでに実現している生活でした。

仕事を効率化できれば、稼働時間が短くなり疲れにくくなるだけでなく、趣味や好きなことをしてリフレッシュする時間や、家族とゆっくり過ごす時間を作ることができます。

つまり、漁師の今の働き方こそが、ウェルビーイングを維持している状態なのです。

タスク管理の目的は「ウェルビーイングの持続」

タスク管理の目的がウェルビーイングの持続だと言うと、大げさに感じるかもしれません。

タスク管理は、どれだけの時間を何に使うかを決める重要な行為です。ここでの「時間」とは、私たちに与えられた寿命そのものを指します。したがって、**限りある時間を管理することは、実質的に寿命、つまり人生そのものを管理すること**に他なりません。

私たちが人生を管理する目的は何でしょうか。

それは、幸福に生きることです。

そして、私たちが求めるのは一時的な幸せではなく、持続的な幸福ではないでしょうか。

持続的な幸福の5つの構成要素

ウェルビーイングは、「ポジティブ心理学」の創始者であるマーティン・セリグマン博士によって5つの構成要素が定義されています。次に挙げる要素の頭文字を取って、「PERMA」（パーマ）と言います。

PERMA

P　ポジティブな感情――Positive Emotion

楽しさや喜びといった「快」を表す感情です。例えば、散歩中に道端に咲く花を見て楽しむと、ポジティブな感情が湧き幸福を感じます。

E　没頭――Engagement

時が止まる感覚や没我の充実した感覚です。例えば、スポーツをしているとき、時間が経つのを忘れるほど集中し心地よい没頭感を味わい、幸福を感じます。

R　関係――Relationships

人間は社会的な生き物のため、人間関係が重要です。例えば、昔からの友人と電話をしたときに、友人が精神的な支えとなっていることに幸福を感じます。

M　意義――Meaning

自分がより大きな何かの一部であると感じることです。例えば、地域の子どもたちに勉強を教えるとき、自分が社会の一員として貢献していることに幸福を感じます。

A　達成――Achievement

人は、何かを成し遂げることに喜びを感じます。例えば、仕事で企画した新しいプロジェクトを成功させたとき、達成に伴う満足に幸福を感じます。

「PERMA」の有用性は複数の実証研究で報告されています。

例えば、PERMAは、身体的健康や活力、仕事の満足度、生活の満足度、組織内でのコミットメントとの間に有意な正の相関関係があることが示されています。

他にも、PERMAが主観的幸福感（Subjective well-being, SWB）を高度に予測することが判明し、仕事のパフォーマンスと強い関連性を示すことがわかっています。

人生という航海に不可欠な「ウェルビーイングスクラム」

泳ぎ方を知らない人が海に放り出されても、ただ必死にもがくことしかできません。羅針盤がなければ、目的地がどの方角にあるのかわかりません。船がなければ、目的地へたどり着くためには泳ぐしかないので、泳ぎ方を知る必要があります。さらに言えば、そもそも目的地がなければ、どこを目指せばいいのかがわからず、泳ぐ意味を見いだすことすらできないでしょう。

羅針盤と船を得て海に出られたとしても、晴天に恵まれ、波が穏やかで安定していて気持ちの良い日もあれば、雨と荒波で挫《くじ》けそうな日もあります。

航海と人生は似ています。

私たちの人生は突然始まり、何の指針もなく必死に生きることを強いられます。生き方や生きる目的、意味は自分で決めなければいけません。常に安泰ではいられず、一時的に幸せを感じる「陽《よう》の日」と、一時的に不幸を感じる「陰《いん》の日」が存在します。

人生という航海において欠かせない目的地の方角を示す羅針盤と、日々の浮き沈みを乗り越え、目的地へ到達する船が「ウェルスク」なのです。

持続的な幸福（ウェルビーイング）が高まると、不幸だと思っていたネガティブな出来事も、実は今の自分につながる価値ある経験だとポジティブに捉えられるようになります。例えば、私が不登校になった日々は、当時の自分にとって最悪な出来事でした。しかし、今振り返ると、あの日々があったからこそ、社会の枠組みにとらわれずに起業し、自由に生きる決意を持つようになった最高の経験だったと感じられています。

このように、人は過去の出来事を現在の幸福度の観点から解釈します。ウェルスクを活用すれば、日々の波を乗り越えながら、それぞれの目的に向かって航海を続けていけるでしょう。

持続的な幸福度を高める方法がウェルスク

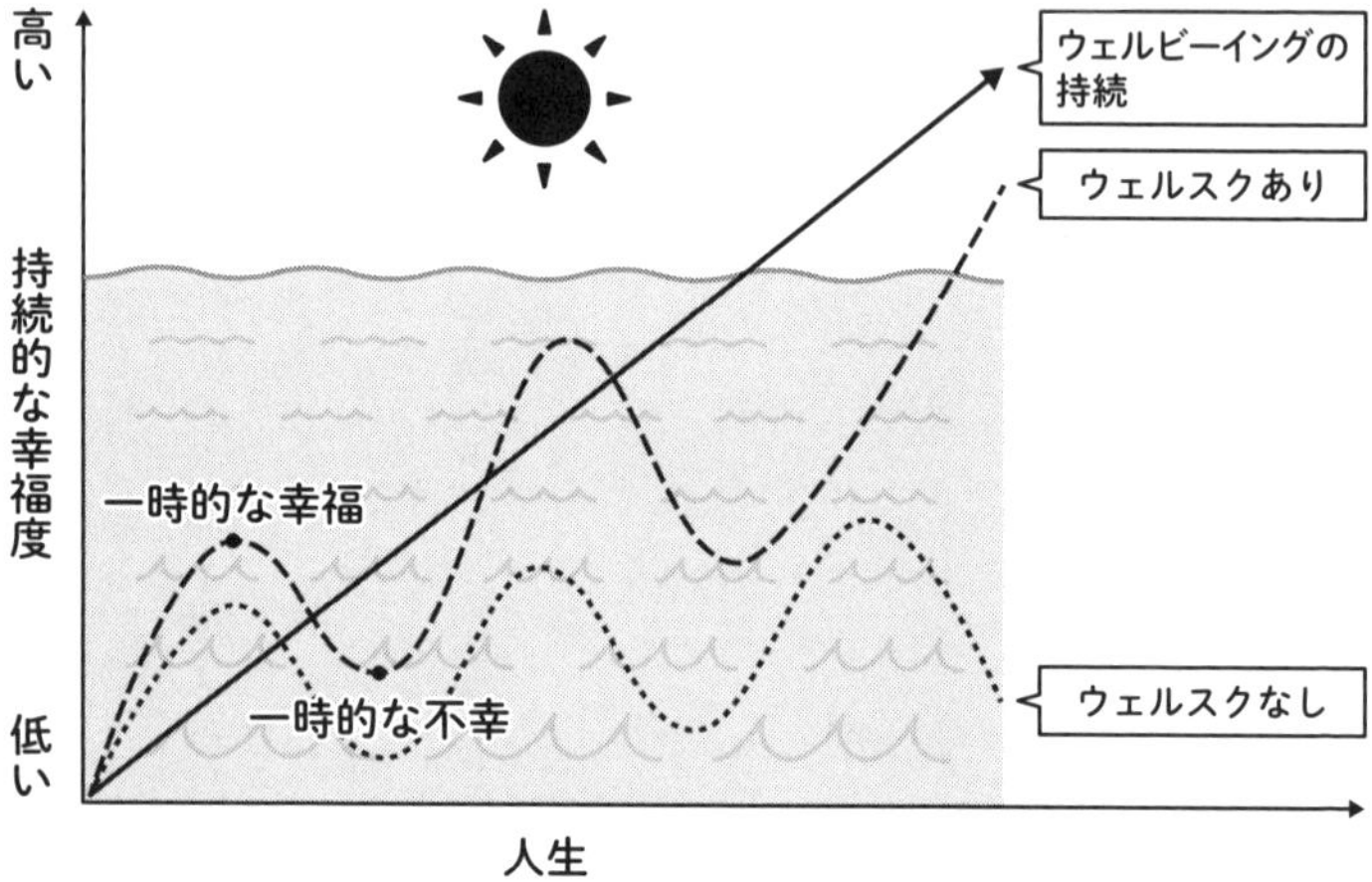

「ウェルビーイングスクラム」とは？

ウェルスクは、自己管理と生産性向上のためのフレームワークです。タスク管理の代表的な5つの手法を組み合わせて、日々の「やりたいこと」（アクション）を効果的に管理します。

人生を効果的に管理するために6つの計画書（リスト）を作成し、それを支える5つの周期的な活動を実施します。

タスク管理法は、掛け合わせることで効果を最大化できる

これまでに数多くのタスクや時間を管理する方法が提案されています。あなたも、一度は試した経験があるのではないでしょうか。「試してみたけど、うまく使いこなせない」

「次から次に新しい方法が出てきて、どれが一番いいのかわからない」と感じ、結局続かなくてやめてしまったという人は多いと思います。

方法を使いこなせなかったのは、あなたのせいではありません。どの管理法にも一長一短があるので、一つ取り入れただけではうまく効果が発揮されないのです。

ウェルスクは、「スクラム」をベースに、次に挙げた**5つのタスク管理法を掛け合わせることで、最短で目標を達成できるようにしています。**これらの概要は、chapter2で詳しく説明します。

ウェルスクを構成する5つのタスク管理法

- ＧＴＤ（Getting Things Done）
  タスクを整理し、記憶から解放することで心理的な負担を軽減する方法
- ポモドーロ・テクニック
  25分間集中して作業し、５分間休憩することで生産性を高める方法
- アイゼンハワー・マトリクス
  タスクを緊急性と重要性で分類し、優先順位を決める方法

- IF-THENプランニング
「もし○○ならば△△する」という条件つきの計画を立て、特定の状況における行動を予《あらかじ》め決定する方法
- スクラム
短期間の作業計画を繰り返し、チーム協働でプロジェクトを進める方法

アクションとは「やりたいこと」の最小単位

ウェルスクでは、アクションを**「自己決定感の高いやりたいこと」の最小単位**と定義しています。

自己決定感とは、個人が自らの欲求を自由に選択し、充足させる度合いを指します。研究によると、自己決定は所得や学歴よりも主観的幸福感（自分がどれくらい幸福であると感じるか）に強い影響を与えることが示されています。特に、西村和雄氏による2万人の日本人を対象に、心理的および主観的幸福感を計測した調査では、自己決定感が高い人々がより高い幸福感を得ていることが明らかになりました。

自己決定感の高さは、行為の動機が「内発的」か「外発的」かによって区分されます。

アクションの定義（例：勉強）

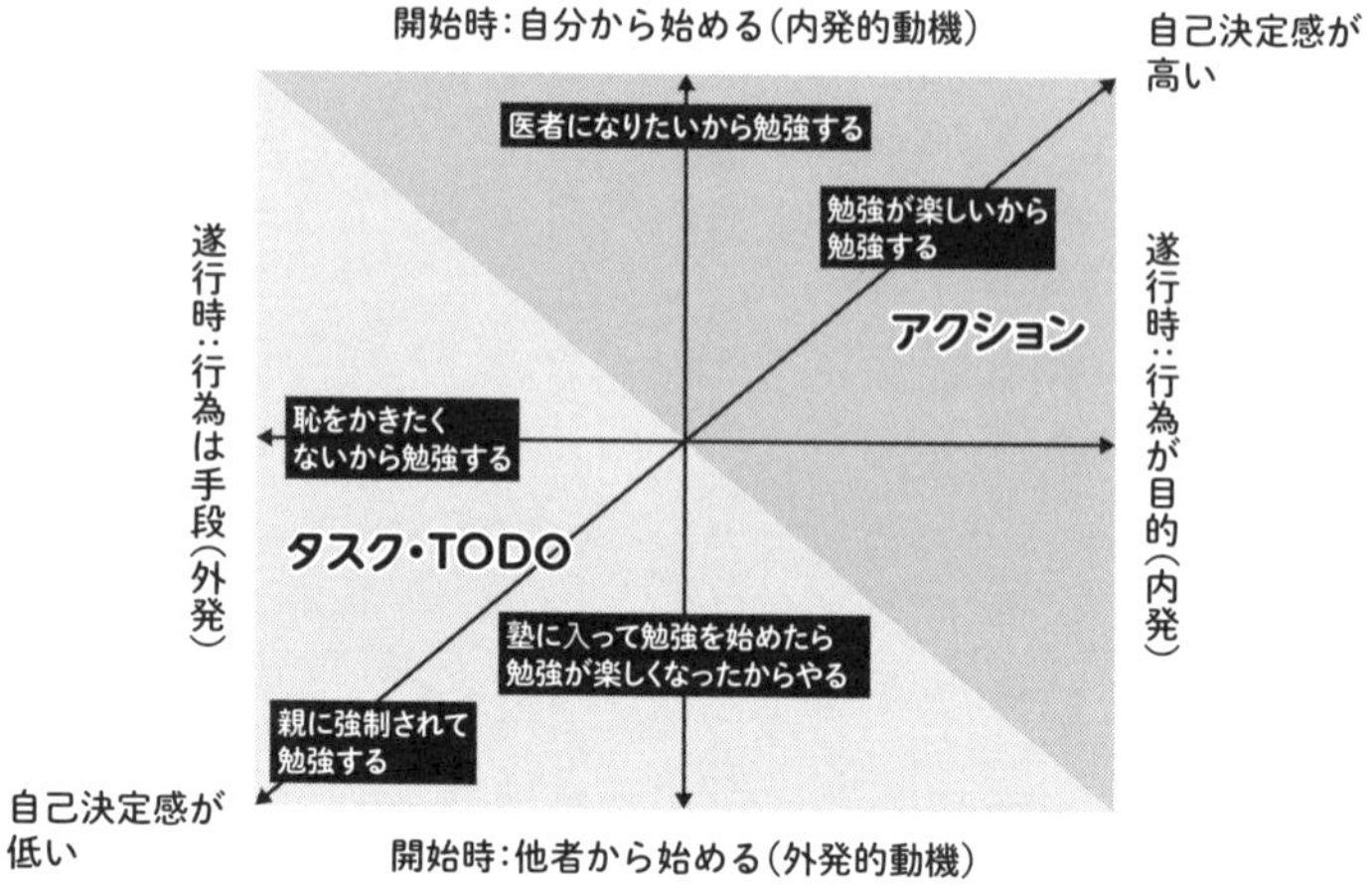

内発的動機づけとは、行動が本人によって自発的に開始され、行動自体が目的化する状況を指します。一方、外発的動機づけは、行動が外部要因によって開始され、行動自体は手段となる状況です。例えば、親によって強制された「やりたくない勉強」は外発的動機づけの典型で、自己決定感が低くなる要因です。

本書では、タスクやTODO（期限は決まっていないが、やらなければいけないこと）を「やりたくないこと」と定義し、「アクション」（やりたいこと）と明確に区別します。

限られた人生の中で、「やりたくないこと」に費やす時間はありません。やりたくないことは可能な限り避け、自動化するか他者に委託することを推奨します。

ウェルスクで作成する6つの計画書

ウェルスクでは6つの計画書を作成し、それに基づいて行動します。

- 人生の目的やゴール、ビジョンを記した「人生計画書」→chapter3
- アイデアや実現したいことを書き出した「やりたいことリスト」→chapter4
- やりたいことに期限を設定した「人生アクションリスト」→chapter5
- 週ごとのアクションを整理した「週次アクションリスト」→chapter6
- 日々のアクションを整理した「日次アクションリスト」→chapter7
- 達成したことと学んだことを記録する「達成・学びリスト」→chapter8

これらの計画書を支える周期的な活動として、5つの活動を実施します。

- 人生計画書を作る「人生デザイン」

- 人生アクションリストを作る「人生アクションデザイン」
- 週次アクションリストを作る「週次アクションデザイン」
- 日次アクションリストを作る「日次アクションデザイン」
- 達成・学びリストを作る「週次振り返り」

毎日行うことは、1日15分で実践する「日次アクションデザイン」だけです。

ウェルスクを簡単に実践するために、無料で誰でも簡単に使える管理ツール「Notion」を活用します。このツールを使えば、アクションの管理が効率的に行えます。

本書ではすぐにウェルスクを始められるよう、chapter9 にて Notion のテンプレートを用意しました。

ウェルスクの全体像

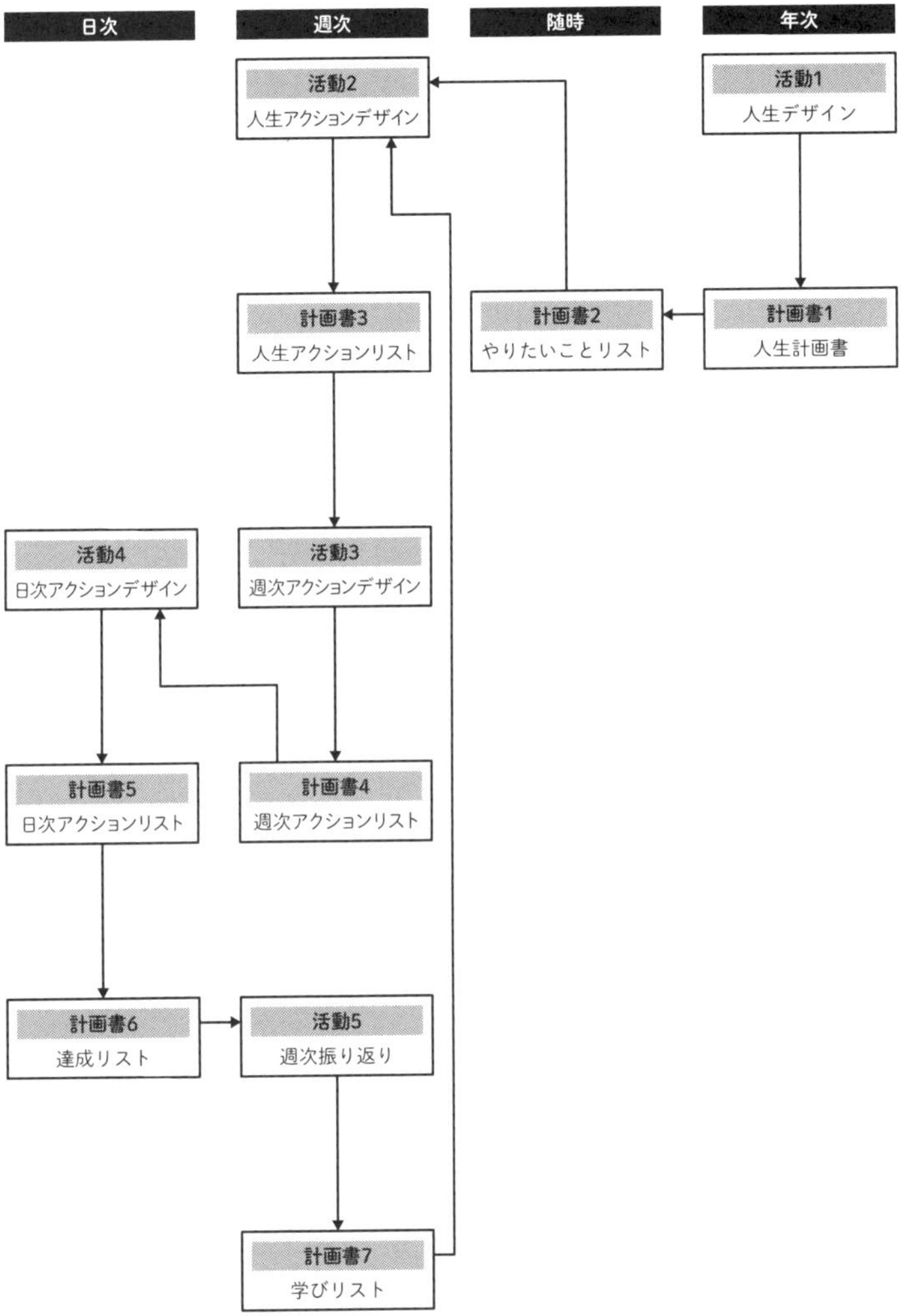
日次
週次
随時
年次
活動1
人生デザイン
計画書1
人生計画書
計画書2
やりたいことリスト
活動2
人生アクションデザイン
計画書3
人生アクションリスト
活動3
週次アクションデザイン
計画書4
週次アクションリスト
活動4
日次アクションデザイン
計画書5
日次アクションリスト
計画書6
達成リスト
活動5
週次振り返り
計画書7
学びリスト

chapter 2

代表的な5つのタスク管理法には限界がある

“時間は希少な資源である。
時間を管理できなければ、何も管理できない。”

——— ドラッカー

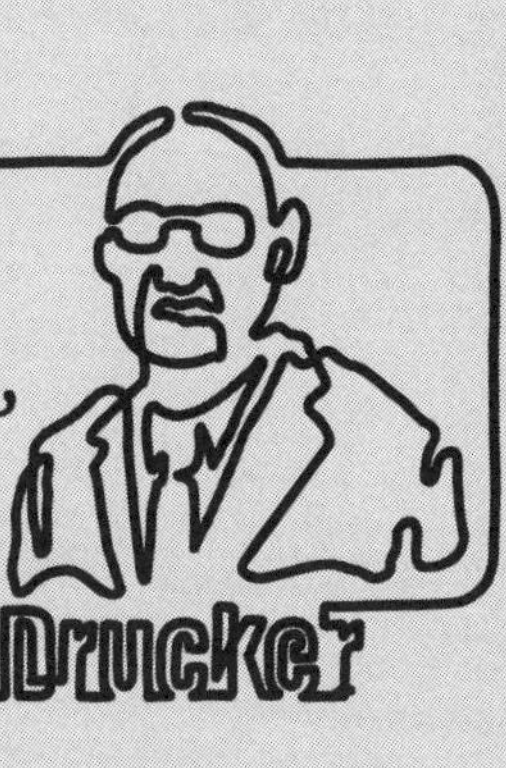

心をクリアにする「ＧＴＤ」

ウェルスクは、ＧＴＤ（Getting Things Done）、ポモドーロ・テクニック、アイゼンハワー・マトリクス、IF-THENプランニング、スクラムの５つの実績のあるタスクや時間を管理する方法を掛け合わせています。それぞれの方法の概要、実践方法、利点・欠点と、効果的にするコツを本chapterでお伝えします。説明の便宜上、本Chapterでは「タスク」と「アクション」の区別をせずに、まとめて「タスク」と表現します。

ＧＴＤの概要

ＧＴＤはデビッド・アレン氏によって開発された、**頭の中にある「やるべきこと」をすべて外部システムに移し、整理するタスク管理術**です。これにより、心をクリアに保ち、集中して現在のタスクに取り組むことができます。

GTDのステップ

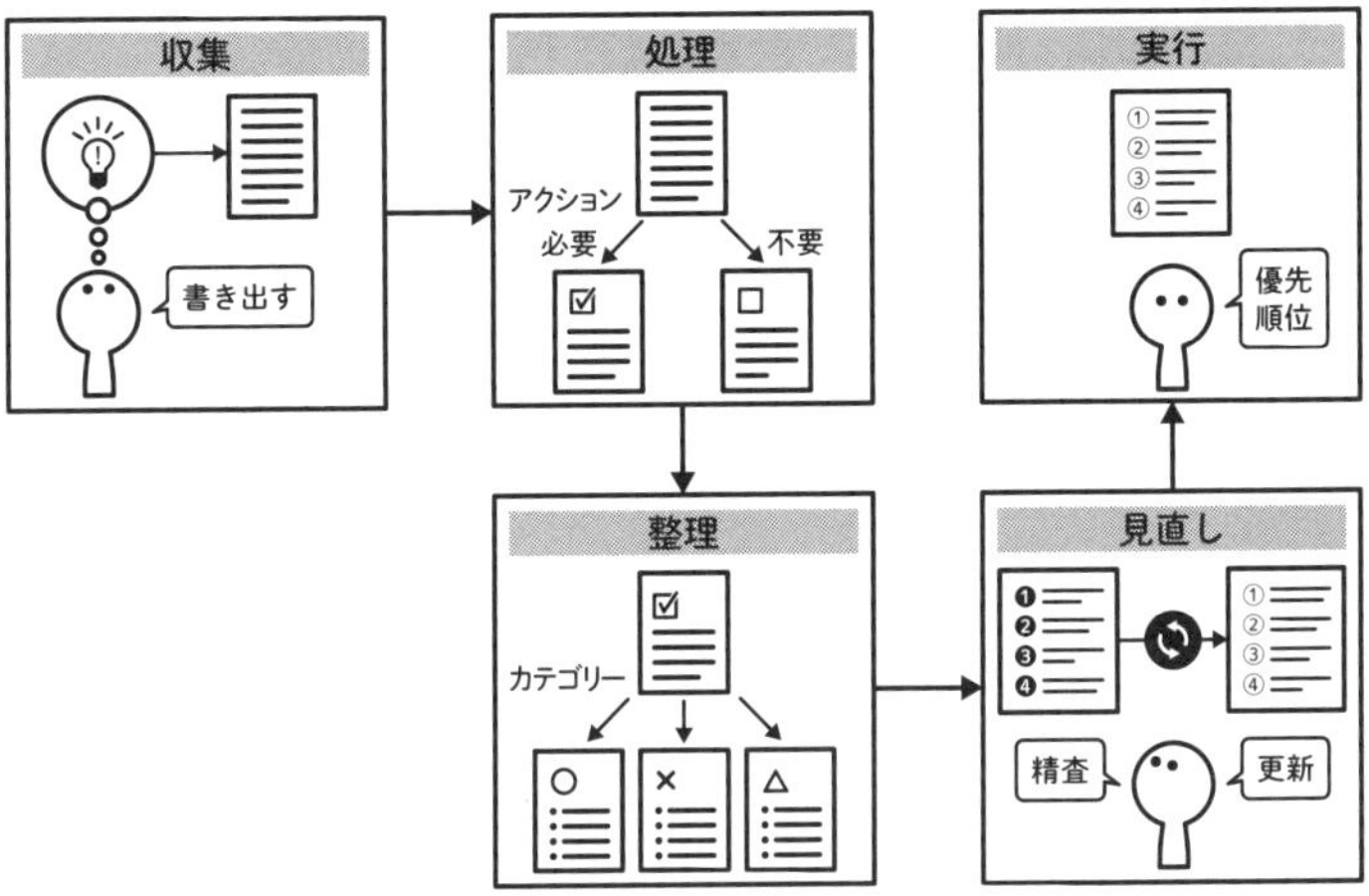

GTDの実践方法

GTDのステップは、次の5つです。

- **収集**：頭の中にあるすべてのタスクを書き出す
- **処理**：収集した項目を見て、それが何なのかを決定し、次の行動があるかどうかを判断する
- **整理**：行動が必要な項目を、カテゴリー別に分け、リストに入れる
- **見直し**：定期的にリストを精査し、タスクの優先順位を更新する
- **実行**：優先順位に基づきタスクを行う

ＧＴＤの利点

ＧＴＤの最大の利点は、心の平和と生産性の向上です。タスクをすべて洗い出すことで、何をいつやるべきかが明確になります。これにより、不安から解放され、集中力を維持しながら効率的に作業を進めることができます。

ＧＴＤの欠点

ＧＴＤはタスクを処理する「プロセス」に重点を置いているため、タスクを処理する目的を見失いやすいという欠点があります。

また、日々のタスクに追われることで、長期的な目標がおろそかになるリスクもあります。**ウェルスクではこの欠点を補うために、人生の目的やゴール、ビジョンからなる人生計画書を作成します。**

ＧＴＤをより効果的にするコツ

ＧＴＤをより効果的にするコツは、**いつでもメモが取れるように準備を整えておくこと**です。何かを思いついたり、行うべきことを思い出したりしたときは、即座にメモしましょう。

具体的な方法として、万能なメモアプリである「Notion」に、すぐに情報を入力できるようにすることが有効です。Notionを開く時間がないときは、LINEとNotionを連携するLINE Bot「Notiz」を使うと便利です。LINEにメモを送信するだけで、Notionにメモが自動的に保存できます。メモとしてNotionの使用をすすめる理由は、ウェルスクはNotionで行うのが最も効率が良いため、一元化すると使いやすいからです（活用方法はchapter9にて紹介）。

また、デジタルツールが使えない状況に備え、アナログのメモ帳も携帯するといいでしょう。私自身も、常にジャケットの胸ポケットに小さなメモ帳と短いボールペンを入れています。**思いついたことをすぐにメモでき、頭をスッキリさせることができるだけでなく、良いアイデアを記録することが可能になります。**

私が使用しているアイテムを、ぜひ参考にしてください。

- **メモ帳：**LIHIT LAB.〈リヒトラブ〉スタンドメモ（品番：N-1766）
- **ペン：**ユニボール ワンP 0.5mm（品番：UMN-SP-05）

集中力を最大化する時間管理術「ポモドーロ・テクニック」

ポモドーロ・テクニックの概要

ポモドーロ・テクニックは、25分間の作業後に5分間の休憩を取る、集中力向上のために開発されたシンプルながら効果的な方法です。このテクニックは、フランチェスコ・チリロ氏が考案しました。「ポモドーロ」はイタリア語で「トマト」を意味し、チリロ氏が使っていたトマト形のキッチンタイマーにちなんでいます。

ポモドーロ・テクニックの実践方法

25分間集中してタスクに取り組み（これを1ポモドーロと呼びます）、その後5分間の休憩を取ります。このサイクルを4回繰り返したら、もう少し長い15～30分の休憩を取り

ポモドーロ・テクニックのサイクル

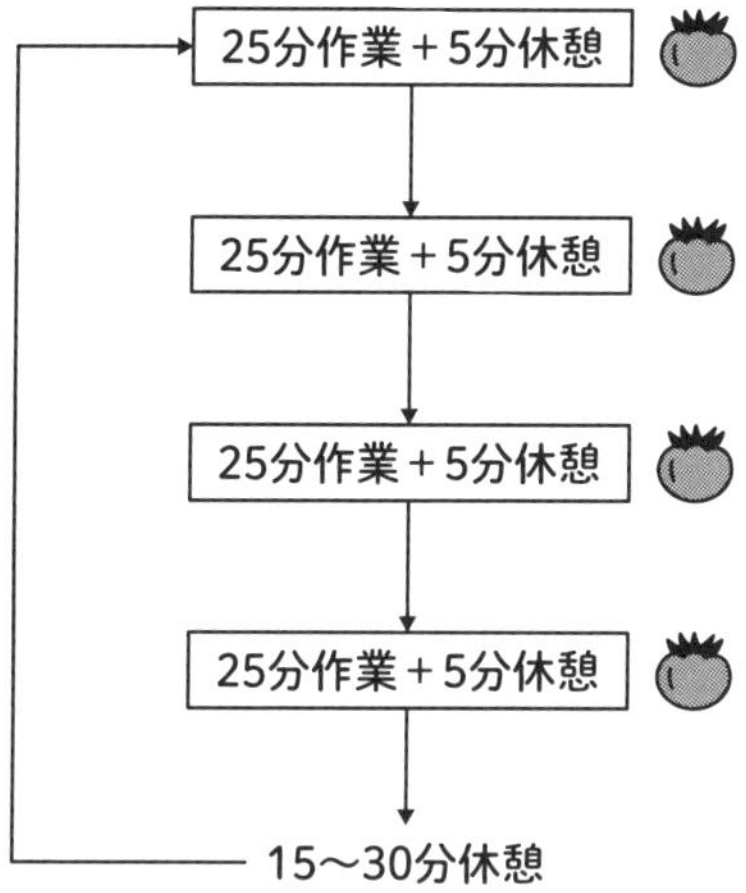

ます。

ポモドーロ・テクニックの利点

利点は、集中力の向上と時間管理に適している点です。短期間で集中することで注意散漫を減らし、作業効率を上げます。加えて、時間を具体的に区切ることで、タスクの進捗管理が容易になります。

ポモドーロ・テクニックの欠点

25分区切りの時間配分が適切ではない可能性があることが欠点です。

人の集中力を測る「内田クレペリン検査」に見られるように、人の集中力は開始から約7分でピークに達し、その後は徐々に低下して約15分で大きく落ちるとされています。

このため、**ウェルスクでは、15分間作業して5分間休憩するというサイクルを採用しています。**


長時間連続して作業するほうが効率的だと感じる人もいるかもしれません。

しかし、短い作業周期を設けることで情報の定着が促されるという研究結果も存在します。例えば、東京大学大学院薬学系研究科の池谷《いけがや》裕二教授の研究によると、「60分間の学習」よりも「15分間の学習を3回繰り返す（計45分）」ほうが、学習時間が短いにもかかわらず学習効率が高いことがわかっています。

ポモドーロ・テクニックをより効果的にするコツ

ポモドーロ・テクニックをより効果的に活用するためのコツは、3つあります。

①自分の集中力に合わせて作業時間を調整すること

コツの1つ目は、自分にとって最適な作業時間を見つけることです。

私も、最初は標準である25分間で作業を試みました。しかし、15～20分で集中力が切れることが多く見られました。過去を振り返ると、高校生時代は勉強が苦手でしたが、15分区切りで受験勉強に取り組んだことで継続できた経験があります。

集中力には個人差があるため、まずは「15分」を試してみてください。

しっくりこなければ長くしたり短くしたり、自身に適した時間を見つけることが大切です。

②休憩時間の活用方法を事前に決めておくこと

休憩時間には、目を休ませる活動を行うことを推奨します。

私は休憩中に立ち上がって体を動かし、腰と姿勢の疲労を解消する体操や遠くを見る活動を行っています。これにより、**長時間の作業による身体的な負担を軽減し、次の作業に向けてリフレッシュすることができます。**

特におすすめの休憩方法は眼精疲労を和らげる「20－20－20の法則」の実践です。これは20分間連続して画面を見た後、20フィート（約6メートル）離れた遠くの対象物を見ながら20秒間休憩する活動です。

実験では、この法則を実行することで、眼の乾燥、敏感さ、不快感などの症状が著しく減少したことが明らかになっています。

他にもトイレに行く、深呼吸をする、水分を取るなど、自分に合った休憩方法を事前に決めておくことが大切です。事前に決めておけば、無駄に考える（選択の回数が増える）時間がなくなります。

さらに、ネットサーフィンや動画を見るなどの「実は目が休まらない活動」をせずに済みますし、「気づいたら5分以上経っていた」といったことも起きません。

③ 作業中は他のことをしないこと

ポモドーロ・テクニックをより効果的に活用するためのコツの3つ目は、15分間の作業ブロック、つまり**予定していた作業以外のことを行わないようにする**ことです。

作業中にふと思いついたタスクがあれば、それをすぐにメモ帳に書き留め、予定の作業に戻ります。作業がすぐに終わると思われる小さなタスクであっても、それに気を取られるともともとの15分間の計画が狂ってしまうためです。

特にSNSやチャットツールへのアクセスは大きな誘惑になり得るので、これらのアプリをすぐには開けないようにする工夫が重要です。

例えば、SNSアプリをスマホやPCのホーム画面から削除することが効果的です。iPhoneの場合は、アプリをホーム画面から隠すことができます。手軽にアクセスできないようにしましょう。

このように、**事前に誘惑の源を遠ざけることを「プリコミットメント」**といいます。この戦略は、未来の自分が直面するかもしれない強い誘惑に対して、事前に自らを制限する仕組み作りとして有効です。

優先順位を見極めるタスク管理術「アイゼンハワー・マトリクス」

アイゼンハワー・マトリクスの概要

アイゼンハワー・マトリクスは、タスクを「緊急性」と「重要性」の2つの軸で4つに分類し、効果的に優先順位をつけるためのツールです。

スティーブン・R・コヴィー氏が『7つの習慣』で紹介した、アメリカの元大統領ドワイト・D・アイゼンハワー氏にちなんで名づけられた方法です。彼は「緊急のことは常に重要ではない」という考え方を持っており、このマトリクスを通じて、重要なタスクに集中することの重要性を教えています。

アイゼンハワー・マトリクスの分類

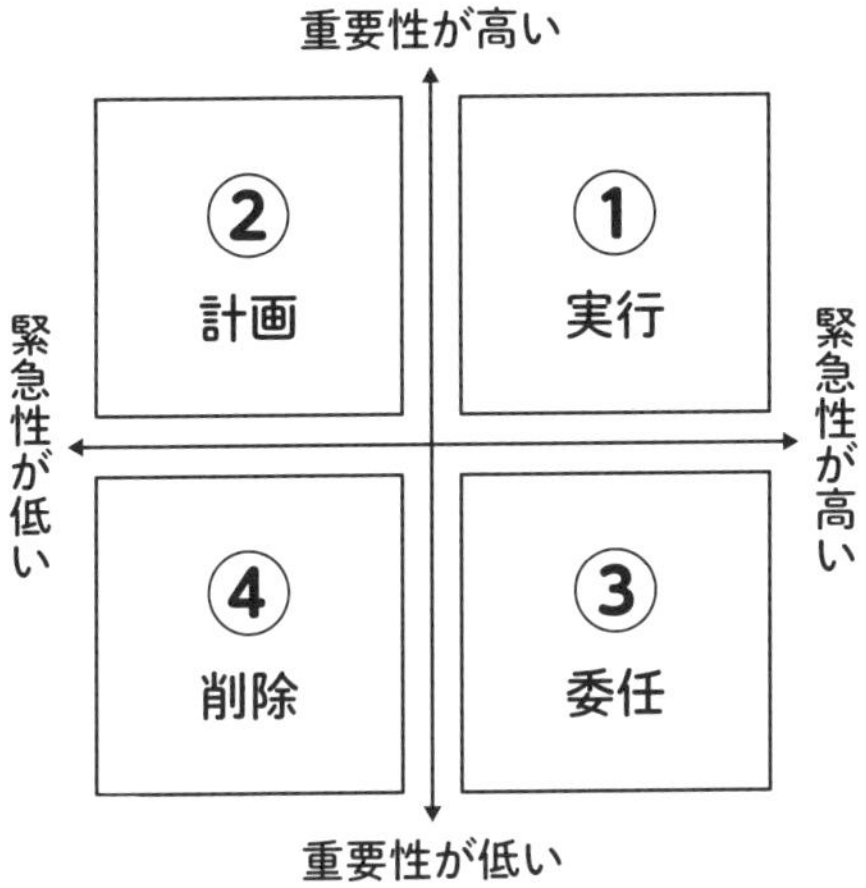

アイゼンハワー・マトリクスの実践方法

まずすべてのタスクをリストアップし、それらを緊急性と重要性に基づいて適切な象限に分類します。

「緊急かつ重要」なタスク（上図①）は直ちに実行し、「重要だが緊急ではない」タスク（②）は事前に計画を立てておきます。「緊急だが重要ではない」タスク（③）は他者に委任することを検討し、「緊急でも重要でもない」タスク（④）は削除または無視することで、効率的な時間管理を実現します。この方法により、**タスク管理を効率化し、時間を最大限に活用することができます。**

アイゼンハワー・マトリクスの利点

このタスク管理術の利点は、重要なタスクに焦点を当てることが可能となり、生産性の向上やストレスの軽減が期待できることです。特に**「重要だが緊急ではない」タスクに計画的に取り組むことは、持続的な幸福の実現に近づきます。**

アイゼンハワー・マトリクスの欠点

アイゼンハワー・マトリクスを使用する際の主な欠点は、何が重要であるかを判断することの難しさにあります。

タスクの重要性を判断するためには明確な基準が必要です。しかし、この基準の設定自体が困難な場合があります。この問題を解決するために、**ウェルスクでは人生の目的に合致し、かつ「寿命対効果」が高いタスクを重要なものとして定義しています。**これにより、より戦略的かつ効果的にタスクの優先順位をつけることが可能となります。

アイゼンハワー・マトリクスをより効果的にするコツ

タスクの優先順位を定期的に見直し、重要性が低いタスクを断る勇気を持ち、自動化可能なタスクを積極的に自動化することが、効果を上げるコツです。

① タスクの優先順位を定期的に見直すこと

状況の変化に応じて、最初に設定した優先順位が変わることはよくあります。例えば、新たな情報や外部環境の変化により、以前は重要と思われたタスクが重要ではなくなることもあります。自己成長に合わせて、または目標に照らして定期的に優先順位を更新することが重要です。

② 重要性が低いタスクは断る勇気を持つこと

他人から振られたタスクの中には、自分の目的やゴールに直接貢献しないものもあります。勇気を持って重要性の低いタスクを断れば、より重要なタスクに集中する時間を確保することができます。

タスクを断ることで、時には他人との関係に影響を与える可能性もありますが、自己の目標達成のためには必要な場合もあります。

③ 自動化できるタスクは積極的に自動化すること

成長に直接関わらない反復作業は、「自動化」するのが理想的です。定期的な支払いや定型作業など、一度設定しておけば手間が省けるものは自動化を検討しましょう。

例えば、顧客からの問い合わせに対し、毎回同じ内容のメールを手動で送信している場合、顧客管理システム（CRM）を使い、よくある質問への回答メールをテンプレート化し、特定のキーワードが含まれる問い合わせには自動返信機能を設定します。1回の返信にかかる時間は30分でも、それを毎日すると1カ月で15時間かかることになります。

自動化により、より寿命対効果の高い活動に時間を割くことができます。

条件つき計画で目標達成を加速する「IF-THENプランニング」

IF-THENプランニングの概要

IF-THENプランニングは、**特定の条件が満たされたときに実行する行動を、事前に決定することによる目標達成の方法**です。これは、社会心理学者のハイディ・グラント・ハルバーソン博士が提唱した方法で、日本では2017年に翻訳された書籍『やり抜く人の9つの習慣』（ディスカヴァー・トゥエンティワン）で紹介されました。

このアプローチは、行動科学の研究に基づき、人が目標に対する具体的な計画を持つことで成功の可能性が高まることを示しています。簡潔に言えば、「**もし（IF）ある状況が起きたら、その時（THEN）この行動を取る**」という形式で計画を立てる方法です。日常の小さな習慣から大きな目標に至るまで、あらゆるレベルで適用することができます。

IF-THENプランニングの実践方法

IF-THENプランニングは、次の3ステップで実践します。

- **目標設定**
  達成したい具体的な目標を設定する
- **IF＝条件を特定する**
  目標達成に向けた具体的な条件や状況を特定する
- **THEN＝行動を決定する**
  IFの条件が満たされたときに取る行動を決める

この手法を使うことで、「もしコーヒーを入れたら、ノートを開いて5分間日記を書く」というように、**日常的な行動を具体的な〝行動の連鎖〟に変えることができ、習慣化が容易になります。**

小さな「IF-THEN」のルールを設定することで、日々の生活の中で自然と目標に向かう行動が組み込まれ、効果的に目標に近づくことが可能になります。

IF-THENプランニングの利点

IF-THENプランニングの利点は「意志力の節約」です。特定の条件が満たされたときに自動的に行動を起こすことができるため、**毎回の決断に必要な処理能力を節約し、結果として処理能力の低下を防ぐことができます。**

コーネル大学の研究者によると、私たちは食べ物だけで毎日226・7回の意思決定を行っているそうです。意思決定の回数を少なくしていた例として、スティーブ・ジョブズ氏が日々の服選びで常に同じ黒のタートルネックの服を着ることが挙げられます。ただし、ジョブズ氏の服は僧侶たちが着用する作務衣だったという見方もあります。服装のシンプルさや着心地のよさから、心の平穏（マインドフルネス）を得ていたのかもしれません。

私自身、靴下はすべて同じブランドの同色で揃え、服装に合った組み合わせなどを考えなくて済むようにしています。

IF-THENプランニングの欠点

欠点として、すべてのタスクに条件を設定することが現実的でない場合がある点が挙げられます。実際、条件を考える過程自体で意志力を消耗してしまうことがあります。そのため、**ウェルスクでは、主に習慣化しやすいタスクや実行条件のあるタスクにIF-THENプランニングを適用しています。**

IF-THENプランニングをより効果的にするコツ

IF-THENプランニングをより効果的にするコツは、**IFの条件をすでに習慣化している行動に紐《ひも》づけること**です。

例えば、多くの人が毎朝の歯磨きを日常の習慣としています。この習慣を利用して、「歯磨きをしたら（IF）、目の体操をする（THEN）」といった形で新しい習慣を設定することで、新しい行動を取り入れやすくなります。

この方法により、**すでに自動的に行っている習慣をトリガーとして、新しい習慣を効果的に形成することが可能**です。

柔軟性とスピードを兼ね備えたアジャイル開発法「スクラム」

スクラムの概要

スクラムは、**短期間の作業計画を繰り返し、チーム協働でプロジェクトを進める方法**です。「アジャイル開発」の一つで、制作開始からリリースまでに4～6カ月ほどかかる（数年かかるものもある）ソフトウェアの開発を、**顧客満足を最優先しながら2週間～3カ月というできるだけ短い時間で完遂させます**。

アジャイル開発は、設計から実装まで一方向で進行する従来の開発手法（ウォーターフォールモデル）と異なり、より柔軟で反復的なプロセスを提供します。アメリカの企業の約71％がアジャイル開発を採用しています。採用する理由のＴＯＰ３は、市場投入までの時間の短縮、製品の提供の予測可能性、リスクの低さの3点です。

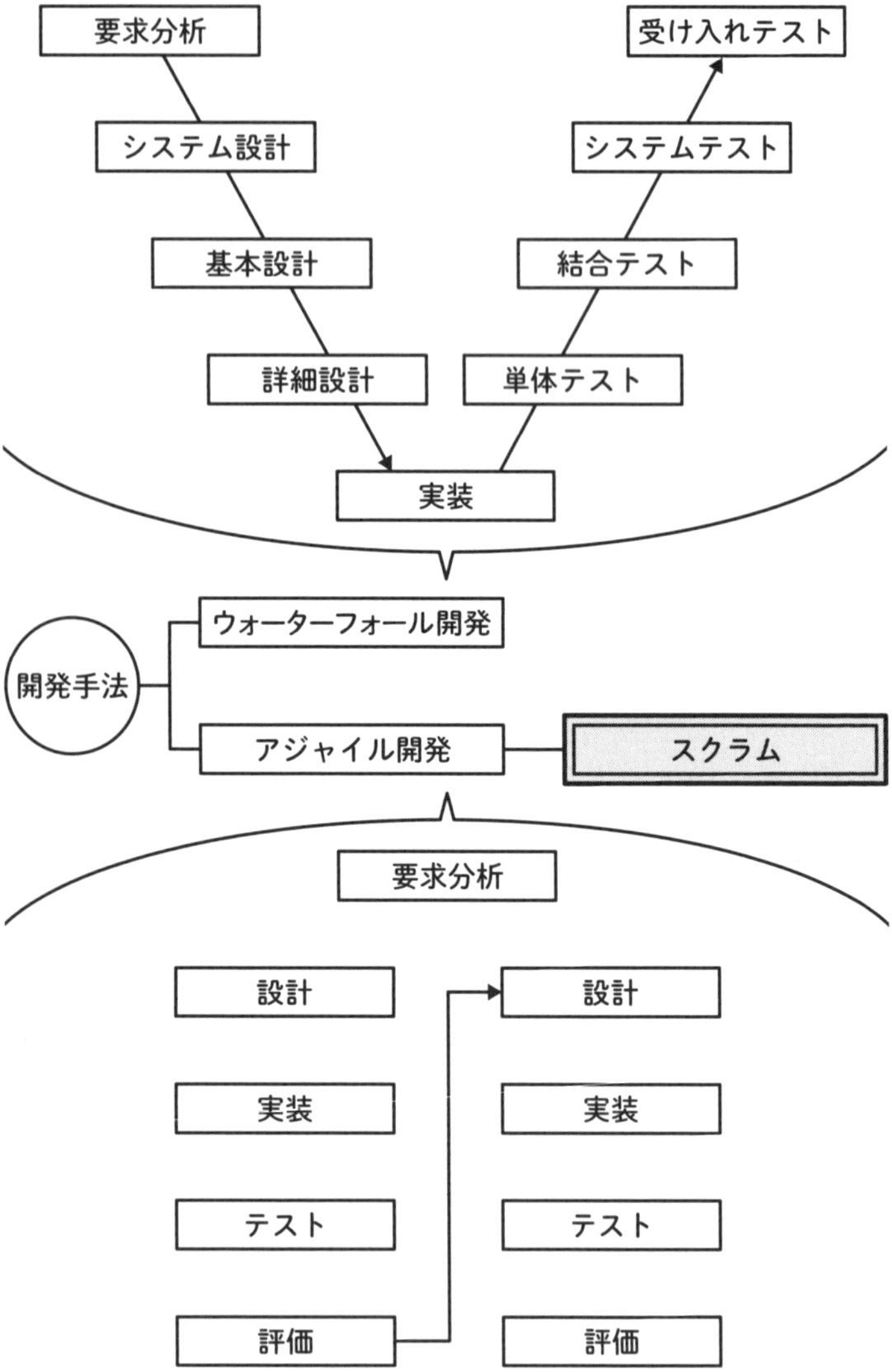

要求分析
システム設計
基本設計
詳細設計
実装
単体テスト
結合テスト
システムテスト
受け入れテスト
開発手法
ウォーターフォール開発
アジャイル開発
スクラム
要求分析
設計
実装
テスト
評価
設計
実装
テスト
評価

その**アジャイル開発の中で、最も人気のある手法が「スクラム」**です。アジャイル開発を採用している企業の81％が何らかの形でスクラムを実践しています。
また、スクラムの導入は2022～2023年の1年間で150％増加しています。多くの組織がその効果を認識し、採用を進めているのです。

スクラムのルールは定期的に更新されていますが、本書では、2020年版（最新）の「スクラムガイド」に基づいて説明します。ただし、用語を暗記する必要はありません。概要を理解するだけで十分なので、サラッと読んでください。

スクラムで重視される3原則

- 作業内容が全関係者に見える形で行われる「透明性」
- 成果物と目標に対する進捗《しんちょく》を頻繁に確認する「検査」
- 検査で得た知見をもとにプロセスを即座に調整する「適応」

この3原則を、制作に関わるメンバー全員で遂行します。

加えて、スクラムを行うにあたり、次の5つの〝価値観〟を共有しておく必要があります。価値観とは、目標達成と相互支援の「確約」、スプリントへの注力の「集中」、作業や課題の透明性の「公開」、チームメンバー間の相互尊重の「尊敬」、そして正しいことを行う「勇気」です。

スクラムは、主に「イベント」「ロール」「作成物」の三要素で構成されています。

① 4つのイベント（=会議）

- スプリントプランニング：スプリントの計画を行う会議〈イベント1〉
- デイリースクラム：毎日の状況を確認する会議〈イベント2〉
- スプリントレビュー：作成物をレビューする会議〈イベント3〉
- スプリントレトロスペクティブ：スプリントの振り返りを行う会議〈イベント4〉

この4つのイベントを、「スプリント」と呼ばれる1カ月以内の短く区切った開発期間中に行います。

② 3つのロール（=役割）

- プロダクトオーナー：プロダクトの責任者
- 開発者：動作する製品を開発する人たち
- スクラムマスター：スクラムの推進役

スクラム開発は自己管理型であり、誰が何を、いつ、どのように行うかを外部ではなく、3つのロールで構成されるスクラムチーム内で決定します。

③ 3つの作成物（＝計画書）

- プロダクトバックログ：製品の改善に必要な項目の一覧〈作成物1〉
- スプリントバックログ：スプリント期間での作業の実行計画〈作成物2〉
- インクリメント：評価可能な成果物〈作成物3〉

例）ソフトウェア開発のインクリメント＝操作できるソフトウェア

スクラムの実践方法

スクラムでは、ステークホルダー（開発に間接的に関与する人。主にプロダクトオーナーの上司や会社の経営陣、営業部、株主（出資者）などを指す）が求める「プロダクトゴール」を完成させるために、まずプロダクトオーナーがプロダクトバックログに実現したい項目をリストアップします。

その項目をもとに、開発者がリファインメント（スプリントバックログを作成するための選択をする）し、スプリントプランニングを行います。

1カ月という短い開発期間（スプリント）で、達成すべきゴールをプロダクトオーナーと確認したら（イベント1）、スクラムマスターと開発者でスプリントバックログを作成します（イベント2）。

選択した作業を評価可能なソフトウェア（インクリメント）に変換したら、スクラムチームとステークホルダーは、成果を検査し（イベント3）、次のスプリントに向けて調整を繰り返します（イベント4）。このプロセスを円滑に進めるために「スクラムマスター」がいます。

スクラム開発の全体的な流れは、次のページの図の通りです。

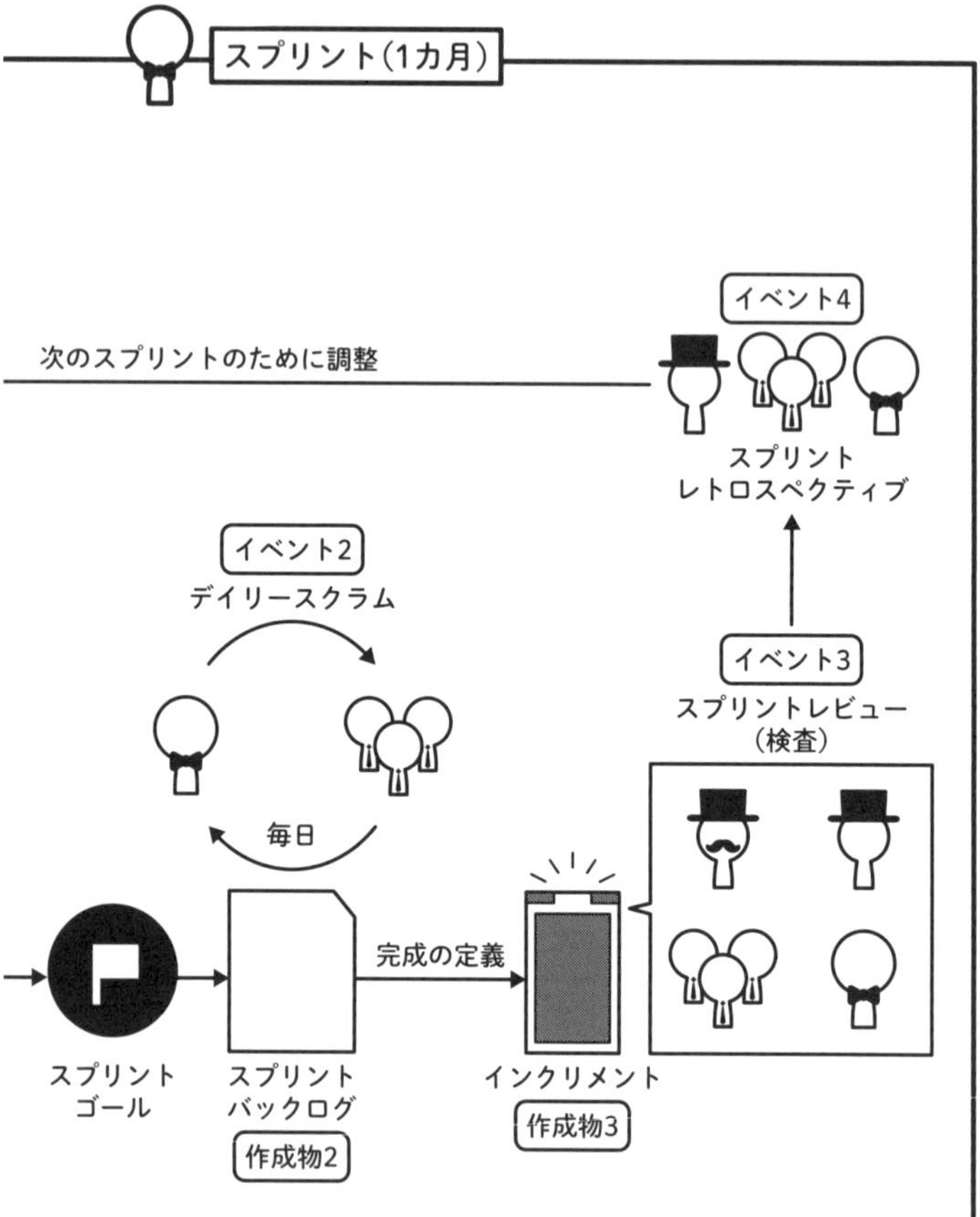

参考:スクラムガイド(2020)

スクラムの流れ

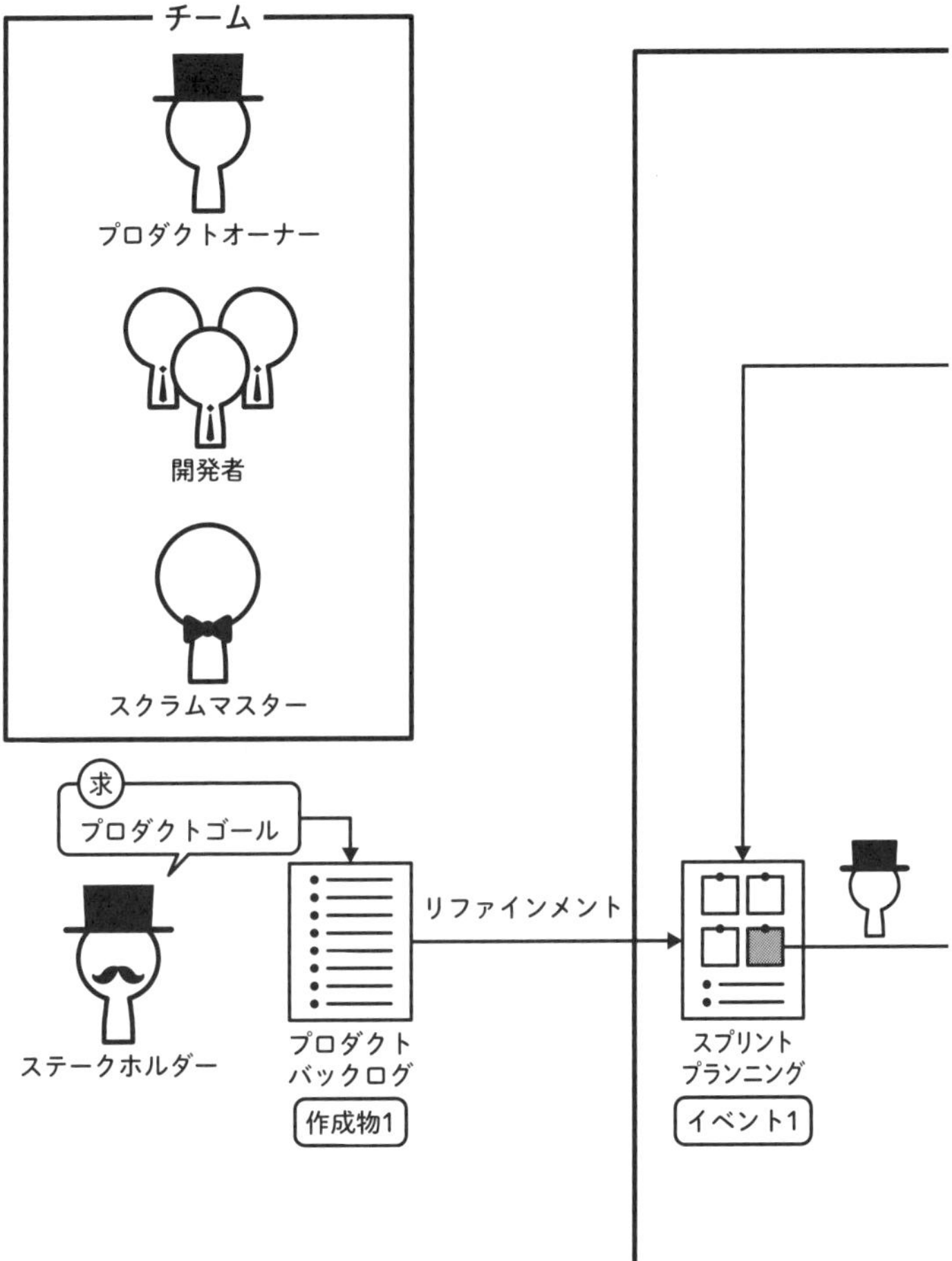
チーム
プロダクトオーナー
開発者
スクラムマスター
求
プロダクトゴール
ステークホルダー
リファインメント
プロダクト
バックログ
作成物1
スプリント
プランニング
イベント1

スクラムの利点

スクラムの利点は、**仕事の質の向上、生産性の向上、高い満足度**の3点です。

スクラムを適切に実践しているチームは、実践していないチームと比較して、製品の品質を250%向上させることが報告されています。

スクラムを実践している人の85%が「スクラムによって仕事の質が向上した」、78%が「スクラムに非常に満足している」と報告しており、同僚や仲間に積極的に推奨しています。

スクラムは生産性を大幅に向上させる効果があることが実証されており、300〜400%も増加したケースがあります。非常に優れたパフォーマンスを発揮したチームは、生産性を最大800%も向上させたそうです。

スクラムについてもっと詳しく知りたい方は、拙著『【15分でマスター！ 飛び級工学博士が解説する最新技術シリーズ2】 スクラムがよくわかる入門書v1.1』（電子書籍）をご確認ください。

スクラムの欠点と、より効果的にするコツ

欠点は、その実践が難しいことが挙げられます。スクラムを効果的に運用するためには、チームの活動を調整し、問題を解決する専門職である「スクラムマスター」が必要です。この役職には、スクラムの実践的な知識や主導した経験が欠かせません。

ところが、日本企業の約9割は「ウォーターフォールモデル」を採用しているため、スクラムの経験を持つ人が少ないのが現状です。また、スクラムの手法を詳細に解説した教材はまだまだ少ないので、スクラムマスターが務まる人がいないのです。

この点を踏まえ、ウェルスクでは誰もが容易に実践できるよう工夫しました。内容をできるだけ具体的にし、部分的に取り入れることも可能にしています。

5つのタスク管理法の〝いいとこ取り〟な方法が「ウェルスク」

ここまで、5つの代表的なタスク管理法についてお話ししてきました。それぞれに利点・欠点があるために、「自分の生活スタイルと合わない」「継続できない」と諦めてきたのだと思います。

これまでにもお伝えした通り、**ウェルスクは「持続的な幸福感を高めること」を目的に、5つのタスク管理法の利点を掛け合わせた、言わば〝いいとこ取り〟な方法**なのです。

ウェルスクを実施することで得られるメリットは、次の通りです。

思考が整理され、時間不足による不安が軽減される

仕事中に、未完了のタスクをふと思い出すことはないでしょうか。心に侵入してきたそ

のタスクをそのままにしておくと、意識が散って作業に集中できなくなります。

人は、完了した課題と比べて、未完了の課題のほうが想起しやすいのです。これを心理学用語で「ツァイガルニク効果」といいます。これに対する一番の解決策は頭に浮かんだタスクをすぐに完了させることですが、そうすると直前まで取り組んでいたタスクの作業が止まってしまいます。

実は、**タスクを完了しなくても、計画を立てるだけでこの現象を排除できます**。

頭の中をすべて書き出す「GTD」(36ページ)の方法に基づき、頭に浮かんだ未完了のタスクをすぐに外部の記憶媒体に書き出します。これにより、現在の仕事に集中でき、心に余裕が生まれます。

家族や友人との時間を大切にしやすくなり、人間関係が向上する

心に余裕が生まれることでウェルビーイングの観点で得られるメリットは、家族や友人との貴重な時間を大切にしやすくなり、結果として〝人間関係が向上する〟ことです。

GTDを用いて頭の中の雑念を取り除き、家族や友人との時間に心を向けることができます。さらに、日々の活動における明確なゴールを設定することで、仕事とプライベートのバランスが明確になり、生活にメリハリをつけることが可能になります。

今に集中でき、生産性が高まる

ウェルスクは、「ポモドーロ・テクニック」（40ページ）を取り入れているため、集中力が持続し、効率的に作業を進めることができます。アメリカのイリノイ大学で行われた研究では、作業の途中で短い休憩を挟むことで集中力が上がり、長時間の作業効率が上昇することが確認されました。

多くの人は、集中力には限りがあると考えがちです。しかし、実際には同じタスクに長時間集中することが難しいだけなので、短い休憩を挟めば作業に対する集中力を保てます。ウェルスクを実践することで、結果的に長時間の作業においても高い集中力を維持することが可能となります。

タスクに没頭しやすくなり、集中力が増すと、幸福度が向上する

ウェルビーイングの観点で得られるメリットは、タスクに〝没頭〟しやすくなり、集中力が増すことで、「フロー」状態となり幸福度が向上することです。

フローとは、**活動に深く没頭し、自己を忘れるほどの集中を達成する心理状態**を指しま

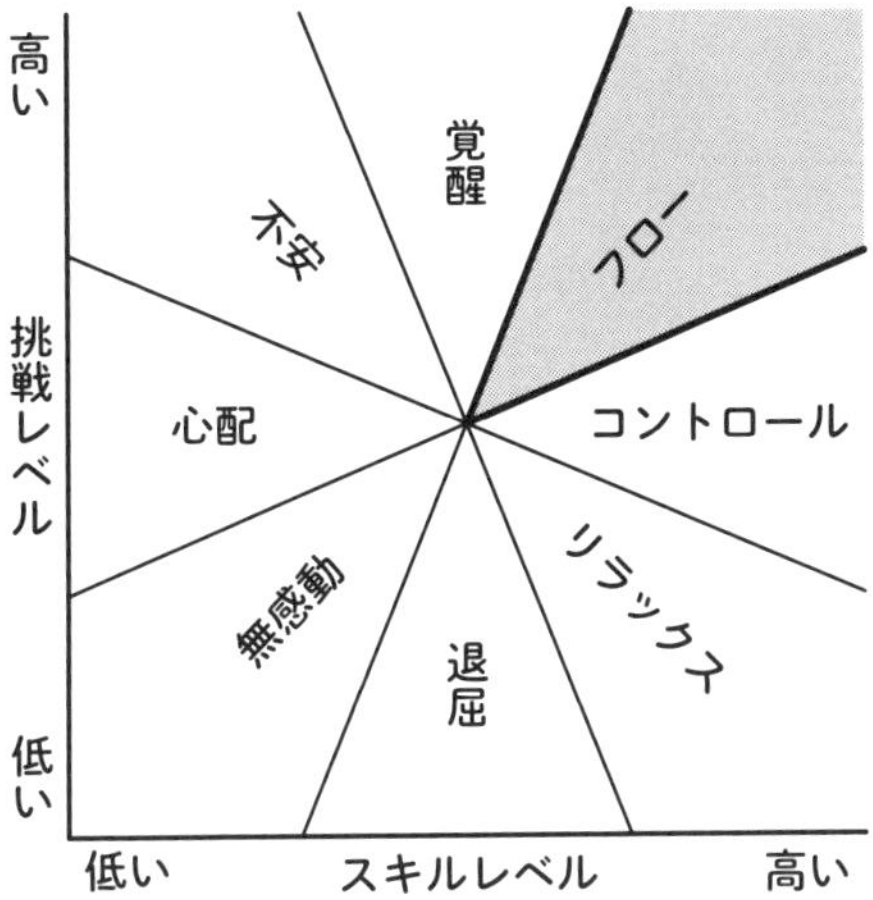

参考：ミハイ・チクセントミハイ著『Finding flow : the psychology of engagement with everyday life』／『フロー体験入門―楽しみと創造の心理学』大森弘訳（世界思想社）

す。この概念は、ミハイ・チクセントミハイ氏によって提唱され、ウェルビーイングの主要な要素の一つとなりました。

上図は、チクセントミハイ氏のフローモデルによるメンタルステート図です。フロー状態の対極にある心が迷走している状態では、幸福感が低下するとされています。マット・キリングワース氏が開発したアプリ「幸福度追跡装置（Track Your Happiness）」の研究では、1万5000人以上の参加者からのデータに基づき、現在の活動に集中しているときの幸福度が最も高いことが明らかになりました。反対に、注意が散漫なときは幸福度が低下すると報告されています。

フロー状態に達するための条件には、明確な目標の設定、迅速なフィードバック、そしてスキルとチャレンジのバランスが適切に取れている活動が含まれます。

ウェルスクでは、これらの要件を満たすために、人生の大目標から日々の具体的な目標まで、目標を明確に設定します。「ポモドーロ・テクニック」を採用することで、他の誘惑から気を逸《そ》らさずに作業に専念できる環境を提供します。

罪悪感が解消され、余暇の時間を本当に楽しめる

ウェルスクを実践することで、仕事に追われる罪悪感が解消され、余暇の時間を心から楽しむことができます。

オフの時間にも仕事のことを考えてしまい、結果としてリラックスできずに過ごしてしまう人は多いのではないでしょうか。ウェルスクでは、この問題を解決するために、タスクの優先順位をしっかりとつけることを重視しています。

優先順位つけには、タスクを緊急度と重要度に基づいて分ける「アイゼンハワー・マトリクス」（46ページ）を用います。

ウェルスクでは、優先順位の高いタスクを1日一つ選び、そのタスクをこなすことに集中します。これにより、**日々の目標が明確になり、その日の目標を達成することで心置きなく余暇を楽しむことができる**のです。この方法を使うことで、週末や月末の目標達成もスムーズになります。仕事とプライベートのバランスが改善され、全体的な生活の質が向上します。

寿命対効果で優先度をつけ、ポジティブな感情を味わう

ウェルビーイングの観点で得られるメリットは、タスクの優先度を「寿命対効果」で測ることで〝ポジティブな感情を味わえる〟ことです。

ウェルスクにおけるアイゼンハワー・マトリクスの「重要度」は、人生の目的につながっていることと、寿命対効果を測る2点で判断します。つまり、重要度は「大きさ」（寿命対効果）と「向き」（人生の目的）のベクトルで表されるのです（74ページの図）。

寿命対効果とは、**使用する寿命に対してどれだけ効果があるか**を意味します。費用対効果という言葉の代わりに私が使っているものです。わざわざ寿命という言葉を使う理由は、見えないコストを認識するためです。

寿命対効果（例：食事）

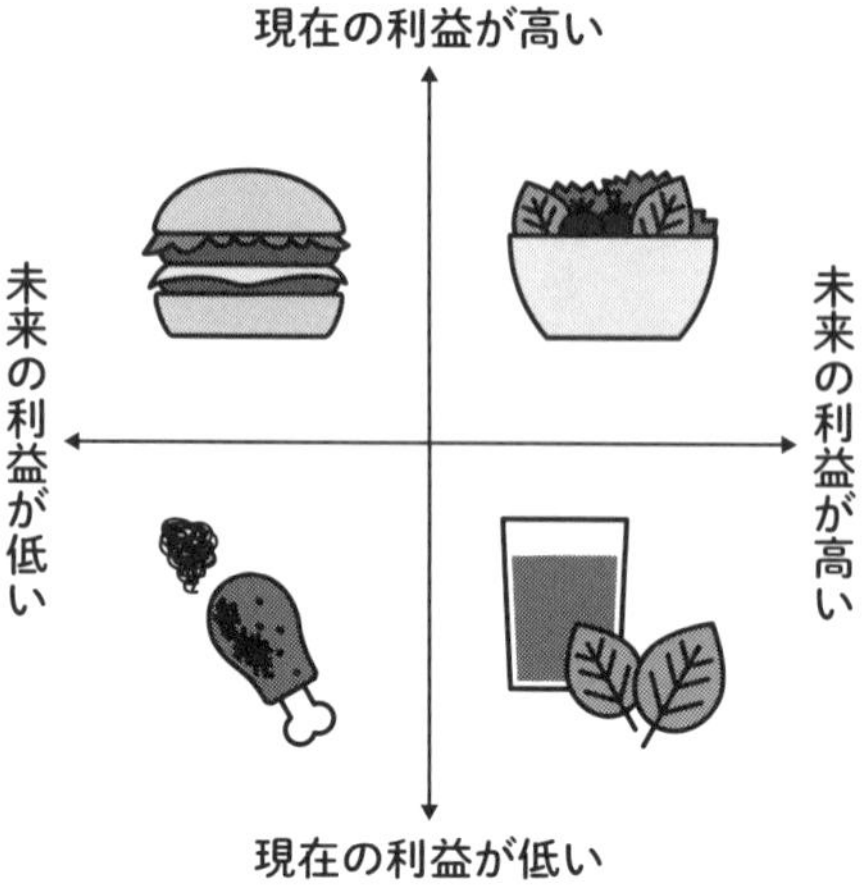

例えば、YouTubeショートのような無料の動画コンテンツは、一見すると費用はかからず、無限に楽しむことができます。しかし、私たちはそのコンテンツに**お金よりも貴重な「寿命」という資産を使っている**のです。それを意識するために寿命対効果という言葉を使います。

寿命対効果の「効果」とは、**現在の利益である喜び**と、**未来の利益である意義**の2つで構成されます。この定義は、ハーバード大学の人気ナンバーワン講義のタル・ベン・シャハー氏の幸福の定義を参照しています。

現在の利益と未来の利益は、食事で例えるとわかりやすいです。

オーガニック野菜を使ったサラダのようなおいしくて健康的な食事は、食事をする時点で「おいしい」という現在の利益を得て、「将来の健康」という未来の利益も得られるので、積極的に食べたいですよね。おいしくないけれども健康にいい、つまり現在の利益は低いが未来の利益は高い食事は、青汁などが挙げられます。ファストフードのような食事は、おいしいけれども不健康な食事のため、現在の利益は高いが未来の利益は低い。最も「効果」を得られない、現在の利益も未来の利益も低い例は、焦げた肉などのおいしくもないし不健康な食事です。これを食べたら、嫌な気持ちになるはずです。

ですから、**喜びを感じながら楽しく取り組めて、将来の利益にもつながるタスクを優先してこなすことで、ポジティブな感情を味わうことができます。**

日々の活動と人生の目的の一致による意義の向上

ウェルスクを日常生活に取り入れることで、アイゼンハワー・マトリクスの「重要度」を判断する「向き」が、**日々の活動の中で自身の人生の目的・目標・ビジョンと連携していることを意識しやすくなる**点もメリットの一つです。このアプローチにより、タスクの背後にある深い〝意義〟を理解しやすくなります。

ウェルスクでは、具体的な人生計画書を作成し、何のために各タスクを行っているのか

ウェルスクの「重要度」

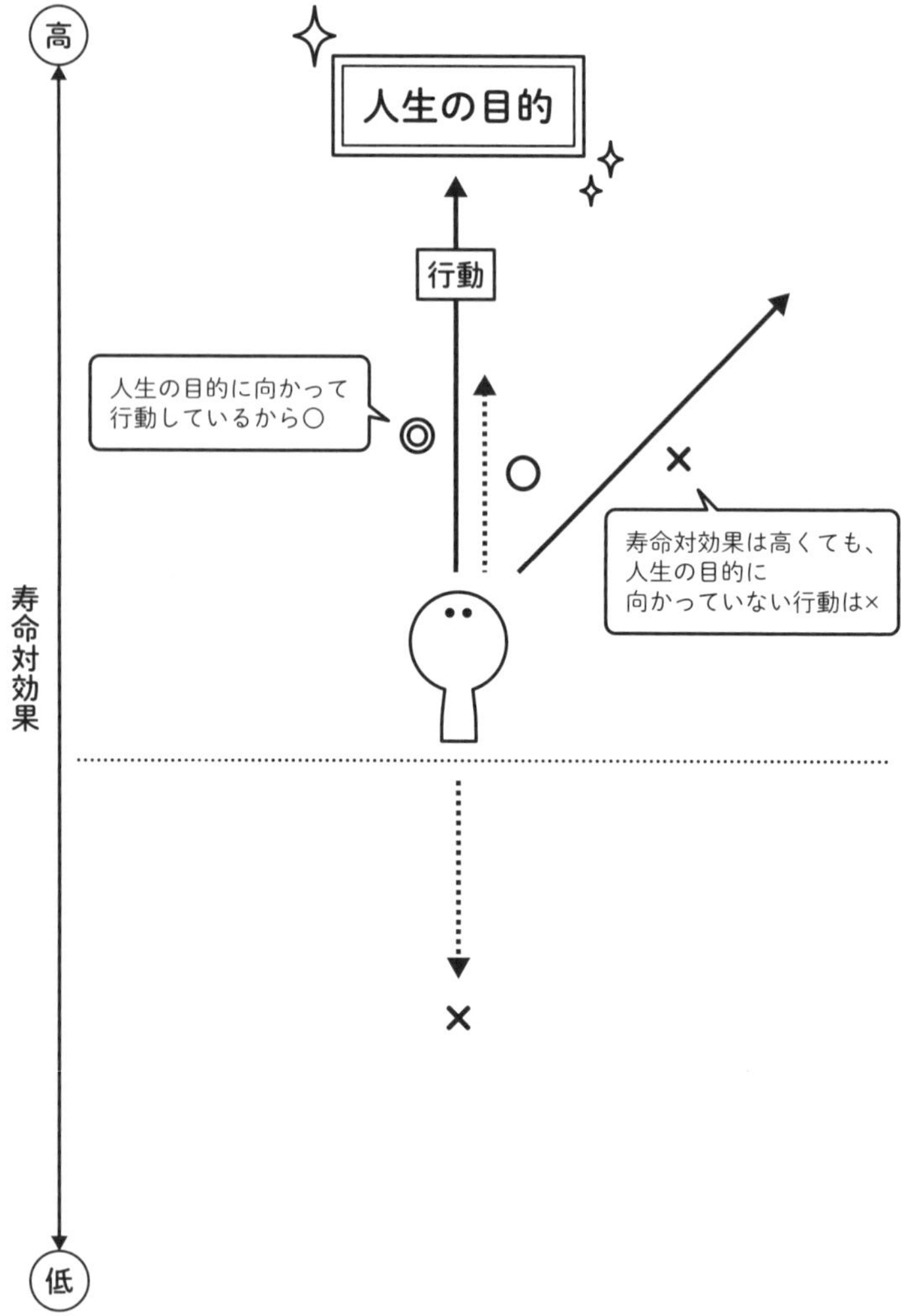
高
人生の目的
行動
人生の目的に向かって
行動しているから○
◎
○
×
寿命対効果は高くても、
人生の目的に
向かっていない行動は×
寿命対効果
×
低

を明確にします。このプロセスを通じて、日々の仕事や活動が、より大きな人生の目標やビジョンにどのように貢献しているのかを視覚化することが可能です。

多くの人が目標を達成した後に虚無感を抱くのは、その活動が本当の自己実現といった目的につながっていないためです。

私自身、ビジネスコンテストで日本一になった際に感じたのは「虚《むな》しさ」でした。周囲からの「すごい」という言葉を素直に受け止められませんでした。「日本一を獲《と》る」ことが、私の人生の目的と連動していなかったからです。

ウェルスクを実践することで、私たちは自分の行動がどのように個人的な成長と幸福に貢献しているのかを常に意識するようになります。これにより、目標達成の喜びが持続し、より充実した人生を送ることができるようになります。

習慣化する力が身につく

ウェルスクは、継続しやすい習慣を身につけるための仕組みが整っています。

多くの人がタスク管理を導入しても三日坊主で終わってしまった経験があるでしょう。

ウェルスクは、「IF-THENプランニング」（51ページ）によってこの問題を解決し、日常的にタスク管理ができるようになります。

さらに、**ウェルスク自体を習慣化することも重要**です。「もし朝起きたら、まずウェルスクを確認する」というように、具体的な状況に応じた行動計画を立てることで、習慣化をサポートします。この方法により、タスク管理だけでなく、さまざまな良い習慣を継続することができます。

書籍『ジェームズ・クリアー式 複利で伸びる1つの習慣』（パンローリング）では、毎日1％の改善を積み重ねることで、1年後には37・8倍の効果が得られると述べられています。小さな改善を継続することで、大きな成果を期待できるのです。

自分の成長に合わせて仕組みを改善できる

ウェルスクは、自分の成長に合わせて仕組みを改善できます。このアプローチは「スクラム」（55ページ）の「**経験主義**」と「**リーン思考**」に基づいています。

経験主義では、知識は経験から生まれ、意思決定は観察に基づきます。簡単にいうと、試しにやってみて、学んだことを積み重ねる考え方。経験主義の対照が合理主義（人は賢いため論理的に考えれば知識を得られるという考え方）です。

リーン思考は、無駄を省き、本質に集中する考え方です。これはトヨタの無駄を徹底的に排除することで短納期・高品質・低コストを実現する生産方式をベースに研究された方法です。

最初から完璧にウェルスクを取り入れることを目指す必要はありません。2つの考え方に基づき、**まずは小さく始めて、毎週の学びを活かして自分の生活に合った形に改善します。**これにより、あなたに合った、あなただけの仕組みができあがります。

小さくても明確な目標があると達成感が増加する

タスクを時間単位で区切り、日々の目標を明確にすることで、私たちは頻繁に小さな成功を体験することができます。この方法は「スモールステップ法」と呼ばれ、行動主義心理学の代表的な研究者であるアメリカの心理学者B・F・スキナー氏が提唱しました。この方法は、学習を効率的かつ効果的に進めるための技法です。

スモールステップ法は特にプログラミング学習に用いられる方法で、学習過程を小さなステップに分割し、各ステップを段階的に学習することを基本としています。

スモールステップ法のメリットは、「達成感」と「効率性」、そして「継続」です。各ステップをクリアするたびに達成感が得られ、学習意欲が維持されます。小さなステップで学習を進めるため、大きなエラーが発生しにくく効率的な学習が可能です。短期間で行うため、定期的なフィードバックと報酬を得られることにより、学習の継続が促進されます。

このように、小さな目標を日々設定し達成することで、それぞれのタスクが終わるごとに満足感を得ることができます。そして、これらの**小さな成功が積み重なることで、最終的な大きな目標の達成へとつながる**のです。この積み重ねが長期的な自己効力感を育み、さらに高い目標に挑戦する勇気と自信を与えます。

ウェルスクは、仕事（ビジネス）面にもプライベート面にも活用することができます。ウェルスクを日常に取り入れることで、持続的な幸福感を高める5つの要素（ＰＥＲＭＡ：ポジティブな感情・没頭・関係・意義・達成）を満たすことができるのです。

chapter 3

人生の羅針盤となる「人生計画書」を作る

“夢を求め続ける勇気さえあれば、
すべての夢は必ず実現できる。
いつだって忘れないでほしい。
すべて一匹のねずみから始まったということを。”

——ウォルト・ディズニー

Walt Disney

ウェルスクの全体像

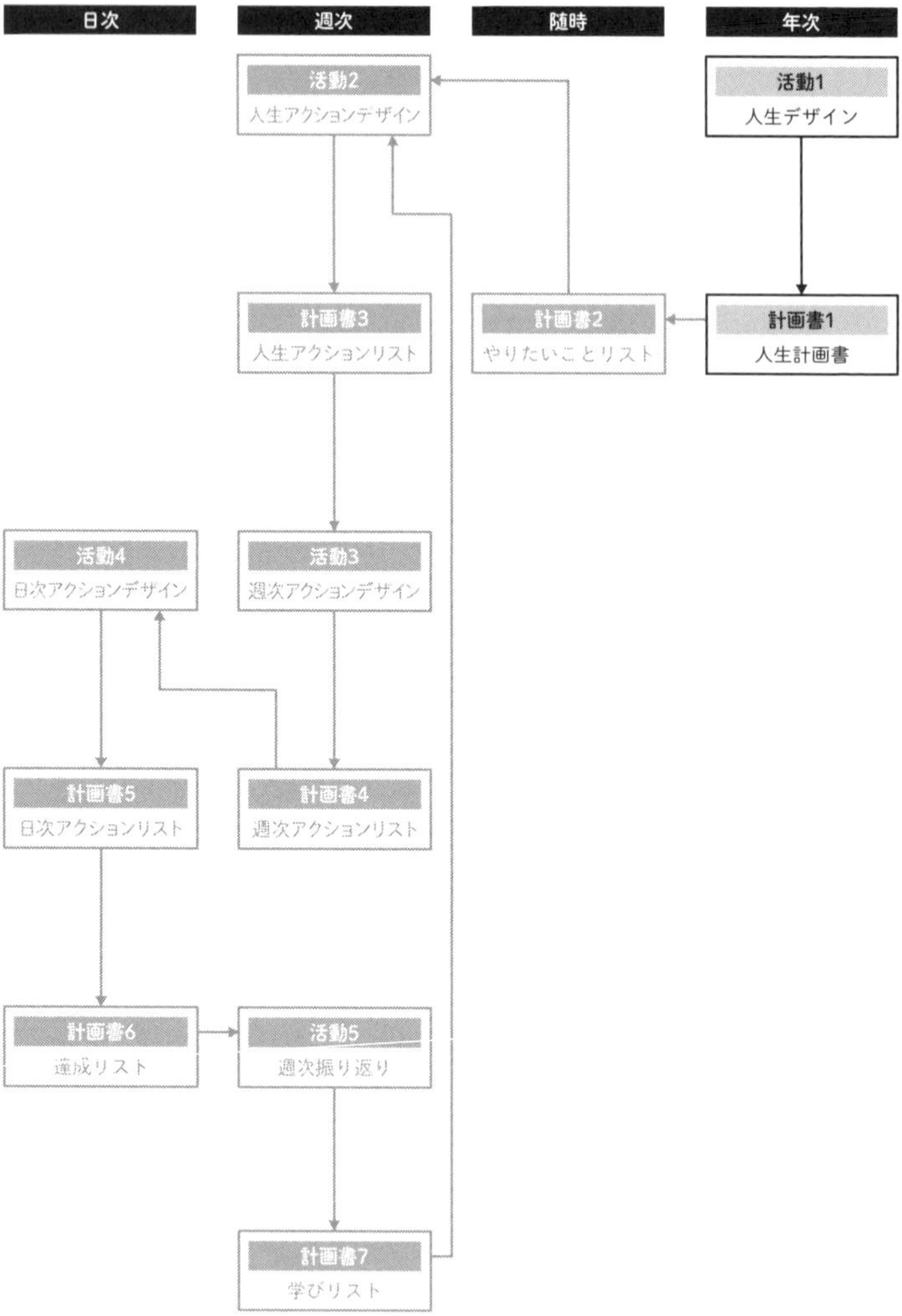
日次
週次
随時
年次
活動2
人生アクションデザイン
活動1
人生デザイン
計画書3
人生アクションリスト
計画書2
やりたいことリスト
計画書1
人生計画書
活動4
日次アクションデザイン
活動3
週次アクションデザイン
計画書5
日次アクションリスト
計画書4
週次アクションリスト
計画書6
達成リスト
活動5
週次振り返り
計画書7
学びリスト

計画書1 人生計画書

ウェルスクの計画書の1つ目である「人生計画書」は、

① **人生目的**：残りの人生で成し遂げたいこと
② **人生ゴール**：人生目的を達成するための最終的な目標点
③ **ビジョン**：人生目的を達成したときのあるべき姿

の3つで構成されます。人生計画書は一度作成したら完成ではなく、日々の状況や気づきに応じて改善していきます。

そしてこの計画書を定期的に作成する活動が「人生デザイン」です。

人生目的

人生目的とは、残りの人生で成し遂げたいことを示します。これは「**生物としての生きる目的を知る**」「**人間としての人生目的を知る**」「**まだ知らない自分を探求する**」という3段階に分けられると私は考えています。それぞれの段階は、私たちが自身の存在意義や役割を深く理解し、それに向かって進むための指針を提供します。

私たちは存在しているだけで価値がある？　生物としての生きる目的を知る

私たちの宇宙視点での生きる目的は、「**生きていることそのもの**」にあると言えます。この根源的な問いに対して、マサチューセッツ工科大学（ＭＩＴ）の物理学者ジェレミー・イングランド氏が提唱する理論は、画期的な視点を提供しています。彼の理論は、エネルギーをより効率的に分散させる（エントロピーを増大させる）手段として、生物が無生物から進化した可能性を示唆しています。

エントロピーとは、物理学において物事が無秩序になる傾向を表す概念です。例えば、熱い紅茶が自然に冷めていく過程はエントロピーの増大を示しています。逆に、紅茶が自然と温まることはありません。イングランド氏の研究は、この物理法則を生命の起源に適用し、宇宙のエネルギーを効率的に分散させるために生命が進化したと説明しています。

この考え方が正しいとすれば、宇宙のエネルギーを分散させるという役割が、私たち人類の「目的」となります。宇宙にとって、私たちは生きているだけでその目的を果たしており、それだけで価値があると言えるのです。つまり、**私たちは存在しているだけで生きる目的を達成し役割を果たしている**。そして同時に、**他者の命やエネルギーを削ることをしてはいけない**と解釈できます。

したがって、私たちは他者を害さない範囲で、**自分自身の生きる目的を自由に定義することができる**のです。

死ぬ直前に後悔しないために　人間としての人生目的を知る

私たちの人生において、特別なことを成し遂げる必要はないかもしれません。しかし、本当にやりたかったことをやらなければ、後悔する可能性があります。

数多くの「最期」を看取った介護人が書いた、死期迫る人々の後悔をまとめた『死ぬ瞬間の5つの後悔』（新潮社）では、「自分に正直な人生を生きればよかった」「働きすぎなければよかった」「思い切って自分の気持ちを伝えればよかった」「友人と連絡を取り続ければよかった」「幸せをあきらめなければよかった」の後悔が挙げられています。

特筆すべきは、**「何かをした後悔」よりも「何かをしなかった後悔」が多い**ことです。

私たちはいつ死ぬかわかりません。だからこそ、私たちが生きているだけで宇宙に肯定されているのなら、本当に実現したい人生の目的に挑戦しましょう。そして、この本を読んでいる今から、それに向かって取り組んでいただきたいのです。

私自身も、死を意識した経験があります。

最近では、旅行先の乗馬体験中に、森の中で馬から落ち、怪我《けが》をした際に「いつ死ぬかわからない」という現実を痛感しました。暴れた大柄な馬から落ち、側頭部を砂利道に打ちつけました。運が悪ければ、馬に踏まれるか打ちどころが悪く死んでいたかもしれません。朦朧《もうろう》とした頭で地面から馬を見ながら、「ここで死にたくない、やり残したことがたくさんある」と強く感じました。

現代の医療技術では永遠に生きることはできません。だからこそ、人生の終着点である「死」を意識するのです。

人は締め切りを意識すると潜在的な力を発揮できる性質があります。例えば、だらだらとした1時間の会議が残り10分になった途端に話がまとまったり、試験直前に一夜漬けしたら驚くほど集中して勉強できたりした経験があるでしょう。行動経済学者のセンディル・ムッライナタン氏とエルダー・シャフィール氏は、時間の欠乏が集中力を高める効果を「集中ボーナス」と呼んでいます。

死を意識することは、人生に対して集中ボーナスを発揮できるチャンスです。スティーブ・ジョブズ氏も毎朝、「もし今日が最後の日だとしても、今からやろうとしていたことをするだろうか?」と鏡に向かって問いかけ、「違う」という答えが何日も続くようであれば、生き方を見直すという習慣を持っていました。このような問いかけを通じて、私たちは日々の選択を見直し、人生の目的を見つけることができます。

人生目的は更新するもの　まだ知らない自分を探求する

人生目的の3段階目は、「まだ知らない自分を探求する」ことです。

自分の人生の目的がまだ明確でなかったり、書き出せないと感じたりしていても心配する必要はありません。まだ見つけられていないか、出合っていないだけだからです。一度も病気になったことがない人が、「健康になりたい」と願うことがないのと同じです。

暫定的な目的を設定する

現時点での目的は暫定的なもので構いません。これにより、人生の方向性を持ちながら、新たな発見や経験を通じて目的を更新できます。

目的をまったく持たないのではなく、暫定の目的を設定しておくことで行動しやすくなります。

更新の必要性

人生目的は、時間とともに変わっていいのです。新しい経験や学びを通じて、自分にとってより意味のある目的に出合うこともあります。その際には、**目的を更新することで、常に自分にとって最良の人生を追求できます**。

心理学者であるミハイ・チクセントミハイ氏は「フロー理論」で、人間が最も幸せで充実感を得られる瞬間は、挑戦的な活動に完全に没頭し、自分のスキルを最大限に活用しているときであると述べています。

未知の自分を探求することは、新しい挑戦や活動に取り組むこと。これによって、フロー状態を経験しやすくなります。すると、人生目的を見つける過程がより充実したものになるのです。

人生目的のバランスの取れた選び方

人生目的は、一つに絞るのではなく、複数の目的をバランス良く選ぶことが大切です。

なぜなら、特定のことに集中しすぎると、他の重要なことに対する意識が薄れるからです。

トンネルの中にいると外界が見えなくなるように、視野が狭まった状態を「トンネリング状態」と言います。

社会的に卓越した評価を得た人でも、仕事に注力しすぎた故に家庭環境が破綻することは珍しくありません。スティーブ・ジョブズ氏はその代表的な例です。ジョブズ氏は、娘リサとの関係において複雑な歴史を持っています。彼はリサの母親との関係がうまくいかなかったため、リサの認知を拒否し、初期には彼女の生活に関与しませんでした。

こうした事態を避けるために、コーチングの分野では「人生の輪」というフレームワーク（左図）を活用します。

「人生の輪」とは？

人生の輪は、現在ライフコーチングとして知られる分野の創始者の一人であるポール・J・マイヤー氏が1960年に考案しました。この円形のフレームワークは、車輪のスポークに似ており、人生の重要な側面を視覚的に整理するために使用されます。

キャリア、家族、健康、趣味、社会貢献といった幸福な人生を構成する要素を10段階で評価することで、現在不足している部分に対しての改善目標を立てるために使われます。

人生の輪

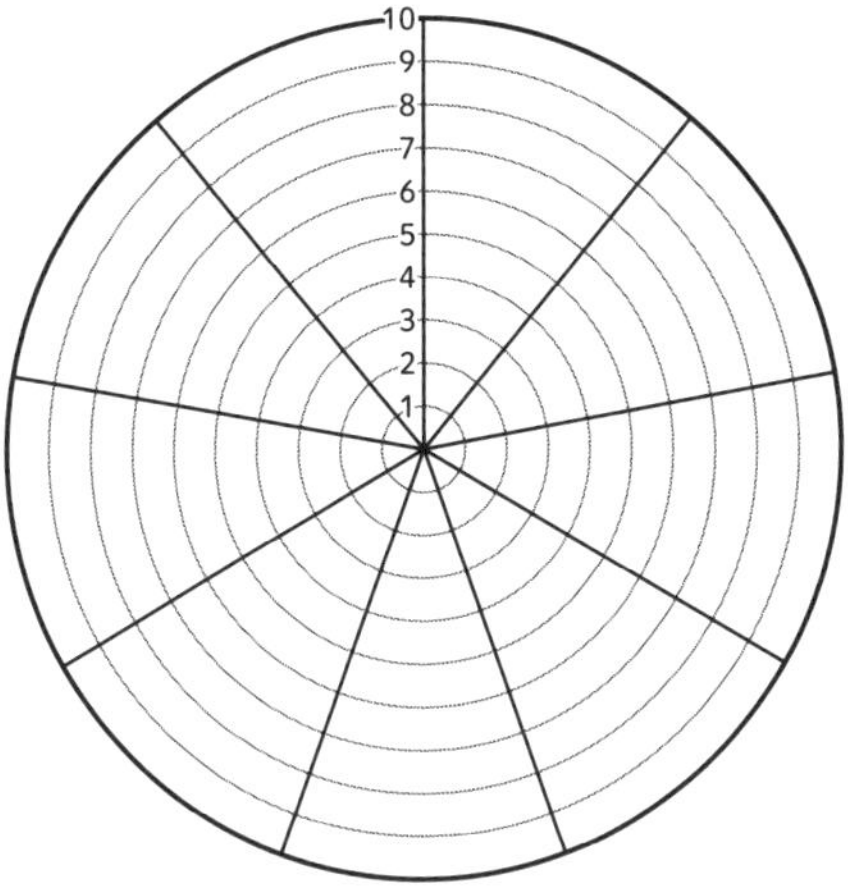

複数の領域にわたって目的やゴールを持つことで、全体的にバランスの取れた人生を追求できます。

「人生の輪」の使い方

人生の輪は、人生を構成するカテゴリーを個人の好みに合わせて変更したり、カテゴリーの数を調整したりすることも可能です。

本書で推奨するカテゴリーは、**「PERMA+4」の9つ**です。

「PERMA+4」とは、「PERMA（ポジティブな感情・没頭・関係・意義・達成）」を仕事関連の文脈に拡張したモデルで、次の4つの要素が追加されています。

■ **身体的健康**：健康的な身体を維持すること
■ **マインドセット**：課題や挫折を成長の機会とみなし、楽観的で未来志向の心構え
■ **職場環境**：自然光や新鮮な空気といった個人の好みに合わせた作業環境の質
■ **経済的安定**：個人の収入や貯蓄、支出の管理

このカテゴリーを10段階で評価し、人生目的を設定します。
例えば、次のような9つの人生目的が挙げられます。

① **ポジティブな感情**：愛と喜び、祝いと感謝に満ちた日々を送る
② **没頭**：心から望む活動に没頭し、価値ある作品を作り続けている
③ **関係**：家族を大切にし、笑顔にあふれた日々を過ごしている
④ **意義**：共同体に貢献しながら充実した日々を過ごしている
⑤ **達成**：夢に挑戦し達成感を味わっている
⑥ **身体的健康**：引き締まった活動的で健康な身体を維持して活力に満ちている
⑦ **マインドセット**：ポジティブで好奇心旺盛に常に成長を実感している
⑧ **職場環境**：自然に囲まれ、潜在能力を最大限に発揮し、自由を味わっている

⑨ **経済的安定**：経済的な自由を達成し、心から余暇と娯楽を楽しんでいる

経済的事項に対するコントロールが幸福度の最も強力な予測因子の一つであることが判明しています。私はブログで生成ＡＩを用いた経済的自由の達成方法について日々発信しています。興味がある方はぜひ覗いてみてください。

■ ブログ「ルネサンス大学」 https://rebron.net/blog/

人生ゴール

人生計画書の第二の要素は「人生ゴール」です。**人生ゴールとは、あなたの人生目的を達成するための具体的な到達点**です。

例えば、人生目的が「経済的に自立した人間になる」ことだとします。この場合、ゴールが具体的でないことで、どのように行動すればよいかがわかりにくいですよね。そのため、「年収1000万円を達成する」といった明確なゴールを設定します。

人生目的に対して、設定するゴールは一つにします。実行の過程でより適切なゴールが見つかれば、柔軟に更新しましょう。先ほどの例で言えば、「経済的に自立した人間になる」ためには、単に年収を上げることよりも複数の不労所得を持つことや生活費を下げることのほうが効果的なゴールになるかもしれません。

目的とゴールの違い

「目的」と「ゴール」「目標」「手段」の違いを明確化しておきます。

これらの区別に、「Be-Do-Have」の法則を用います。この法則は、アメリカの哲学者であるウィンザー・ミケーリ氏によって提唱されたもので、「在り方（Be）」から始まり、「行動（Do）」を経て、「持つ（Have）」へと至るプロセスを説明しています。目的はBe、ゴールなどはDoやHaveにあたります。

目的とは、成し遂げたい事柄で、根本的な動機や理由です。目的の特徴は、長期的かつ抽象的な場合が多く、具体的な行動や結果ではなく、在り方や方向性を示します。

ゴールは目的を達成するための「最終的な目標点」で、目標は目的を達成するための「具体的な成果や結果」です。ゴールは、達成したかどうかが明確にわかるよう具体的で測定可能なものにする必要があります。

手段は、ゴールを達成するために必要な行動やリソースで、短期的な活動としてゴールに向かって進むための具体的なステップです。

昔話『桃太郎』を例に、目的・ゴール・目標・手段を説明します。

桃太郎の目的は「村を守る」こと。これを達成するため、ゴールは村の平穏を脅かす鬼のボスを退治することです。

一人で退治するのは難しいので、仲間を集める、鬼ヶ島に到達する、ボスを取り巻く鬼を倒すことの3つを目標に設定します。

手段はきびだんご、桃太郎にない特技を持つ者——犬（かみつく）・サル（ひっかく）・キジ（つつく）——を仲間にする、船を用意することの3つです。

このように、**具体的なゴールを設定することで、目的達成への道筋が明確になり、**

効果的に行動できるようになります。

85の研究をメタ分析し目標の達成と主観的幸福感の関係をレビューした論文によれば、目標の達成よりも目標の進捗が主観的幸福に対してより強い関連を持つことがわかっています。

私自身の経験でも、ビジネスコンテストで日本一を目指して努力しているときに幸福を感じましたが、達成後は熱が冷めたように感じました。つまり、私たちは**目標に向かって進む過程で幸福を感じる**のです。

ビジョン

人生計画書の第三の要素は、人生目的を実現している自分のイメージを描いた「ビジョン」です。**具体的な未来像を描くことで、目指すべき人生が明確になります**。これにより目的達成に必要な情報が自然と入ってくるようになります。

作成するビジョンは、デジタルでもアナログでも構いません。作ったビジョンは、毎日見る場所に設定・掲示しましょう。例えば、デジタルならNotionやＰＣのデスクトップ、スマホのホーム画面に設定する、アナログならコルクボードなどに貼り出して掲示します。

適切な画像が見つからない場合は、画像生成ＡＩ（ChatGPTやStable Diffusionなど）を活用することで、簡単に理想の画像を用意できます。

人生計画書を作る「人生デザイン」

定期的な活動の1つ目である人生デザインは、年に1回、人生計画書を更新する活動です。この活動では、自分の長期的な「人生目的」や「人生ゴール」「ビジョン」を見直し、新たな人生計画を設定します。もちろん、価値観の変化や、新たなインスピレーションを得た際には、随時人生計画を更新しても構いません。正月など、時間が取りやすい時期に行うのが理想的です。

この活動の目的は、**自分自身の人生計画を再確認し、それに向けての具体的な行動計画を立てること**です。人生デザインでは、次の活動を行います。

■ **振り返り**
前年の達成事項や学びを振り返り、自分がどれだけ成長したかを確認する活動

■ **人生目的の更新**
人生目的を見つけるワークに取り組み、現在の価値観に基づいて見直す

■ **人生ゴールの設定**：目的の更新に応じて人生ゴールを設定する

■ **ビジョンの更新**：ビジョンを最新にする

それでは、人生計画書を作ってみましょう。

【ワーク1】人生目的を見つける質問集

人生目的は、内省と質問を通じて見つけることができます。ここでは特に優れた質問を名著から抜粋して紹介します。

次の質問に対する回答を、思いつく限りノートに書いてみてください。

Q もし今日が最後の日だとしても、今からやろうとしていたことをするでしょうか？ しないなら、何をしますか？

Q なんの制限もなく、何でも作れるとしたら何を作りますか？

Q あなたが感じる社会の不満や課題、あるいは不足していると感じる点は何ですか？

Q お金をもらえなくても喜んでやるけれど、それでもお金にできることは何ですか？

Q 使い切れないほどのお金があったら、何を手に入れたいですか？

Q 使い切れないほどのお金があったら、何を経験したいですか？

Q 理想の一日では、朝起きてから寝るまでは何をしますか？

Q 「それ」をしているときに最高に幸せで満ち足りるものは何ですか？

Q 子どもの頃に夢中になったことは何ですか？

Q 大した努力もせずに、驚くほどうまくいったことは何ですか？

Q 自分の葬儀の際に、集まってくれた人からあなたの人生について言ってほしいこと何ですか？

Q 自分の葬儀の際に、どういう貢献や業績を覚えていてほしいですか？

Q 自分の人生で最も望むことは何でしょうか？（自分の体から心臓を取り出して、手のひらに載せるところを想像しながら）

Q どのような人生を、どれだけ長く生きたいのでしょうか？（自分の体から心臓を取り出して、手のひらに載せるところを想像しながら）

Q 自分にとって一番大切なものは何でしょうか？（命が脅かされる出来事を想像しながら）

［ワーク2］目的とゴールと手段

［ワーク1］の回答を、目的・ゴール・手段に分けます。各回答の目的・ゴール・手段にあたる部分にペンで目印をつけ、「目的」「ゴール」「手段」と書き込んでください。目的・ゴール・手段に分ける際は、「Be-Do-Have」の法則を用いて考えます。

■目的〈在り方・Be〉：成し遂げたい事柄で、根本的な動機や理由。長期的かつ抽象的な方向性

■ゴール〈行動・Do／Have〉：目的を達成するための最終的な目標点。具体的で測定可能

■手段〈持つ・Do／Have〉：ゴールを達成するために必要な行動やリソース。短期的な活動

【ワーク3】ゴールと手段から目的を導き出す

［ワーク2］で、ゴールと手段を発見したら、それぞれの背後にある目的を考えます。**「このゴールを達成する『目的』は何か？」「この手段を取る『ゴール』や『目的』は何か？」を問いかけ、書き出して人生目的を明確にしましょう。**

もし今の人生を変えたいと願っていても、人生目的は曖昧で構いません。また、明確にできなくても心配する必要はありません。

なぜなら、現在の自分が明確にできる目的は、現在の思考の枠内に限定され、現状の延長線上にとどまってしまうからです。今の自分を超えた新たな目的を見つけるためには、曖昧な目的を持つことがむしろ有益です。

【ワーク4】バランスの良い人生目的を設定する

先のワークで書き出した目的を、9つのカテゴリー（ポジティブな感情・没頭・関係・意義・達成・身体的健康・マインドセット・職場環境・経済的安定）に分類しましょう。9つの人生目的と、目的達成のための人生ゴールを設定します。今の自分に不足しているカテゴリーがあっても、仮の目的とゴールを設定してみてください。

chapter 4

頭の中をスッキリさせる「やりたいことリスト」を作る

“目標を設定することは、
見えないことを見えるようにするための
第一歩です”

——— アンソニー・ロビンズ

Anthony Robbins

ウェルスクの全体像

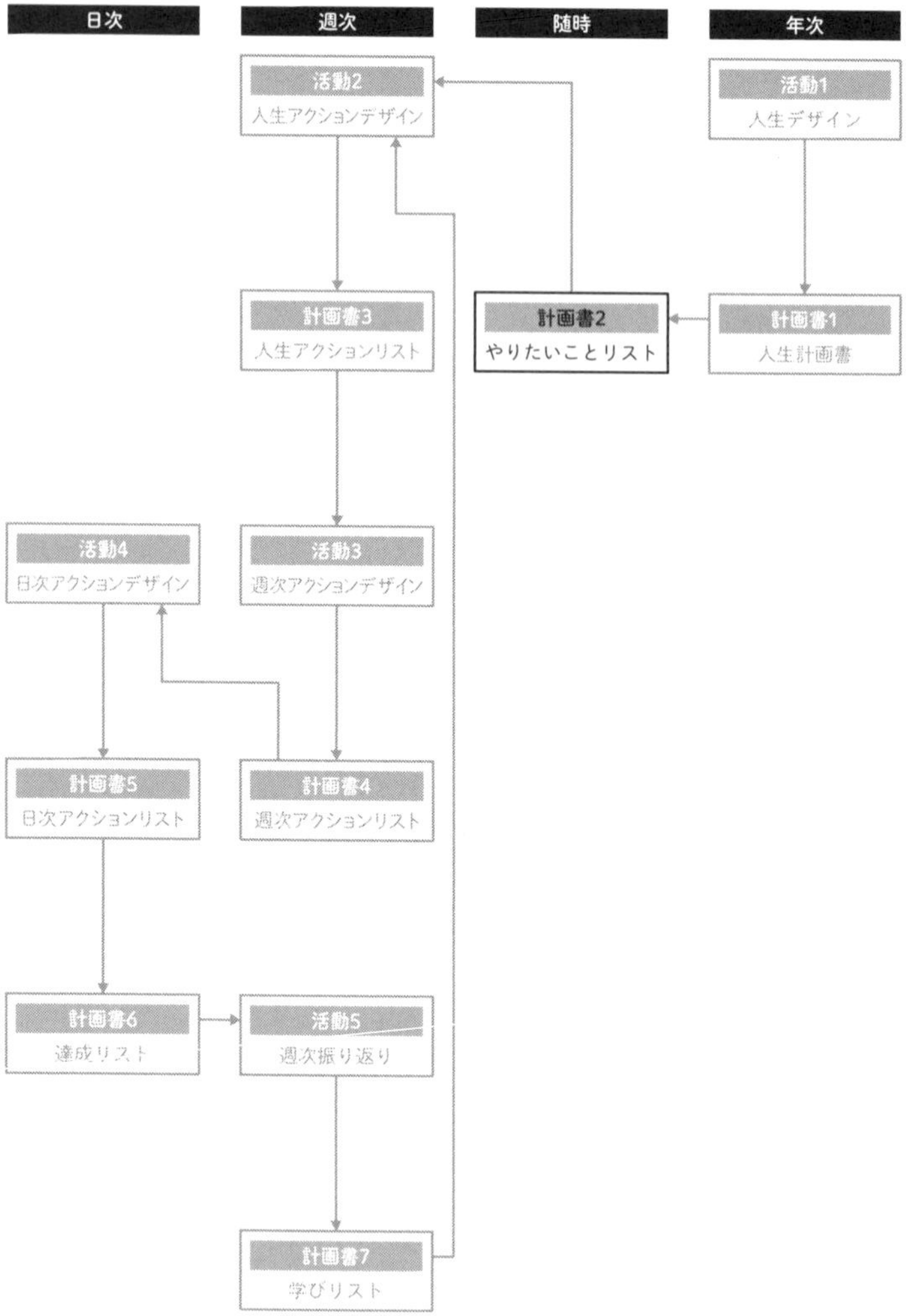
日次
週次
随時
年次
活動1
人生デザイン
計画書1
人生計画書
計画書2
やりたいことリスト
活動2
人生アクションデザイン
計画書3
人生アクションリスト
活動3
週次アクションデザイン
計画書4
週次アクションリスト
活動4
日次アクションデザイン
計画書5
日次アクションリスト
計画書6
達成リスト
活動5
週次振り返り
計画書7
学びリスト

計画書2　やりたいことリスト

ウェルスクの計画書の2つ目は「やりたいことリスト」です。やりたいことリストを作る目的は、**自分の心の中にある本当の願望や目標を明確にすること**です。

やりたいことは随時、思い浮かんだタイミングで追加しましょう。ただし、タスクやTODOといった「やらなければいけないこと」は、あなたにとっての「やりたいこと」ではありません。書き出したやりたいことが、「自己決定感の高いやりたいこと」（29ページ）であることを意識してください。

まずは、「ワーク1」で現時点でのやりたいことを書き出してみましょう。やりたいことがうまく思い浮かばない場合は、「ワーク2」の人生のカテゴリー別の質問に回答してアイデアを出してください。

［ワーク1］やりたいことをノートに書き出す

まずは深呼吸をしてリラックスし、想像力を働かせましょう。**もしも時間やお金、その他の制約が一切なかったら、あなたは何をしたいと思いますか？**　頭の中に浮かぶすべてのアイデアや夢を、自由にノートに書き出してみてください。

ここでは、**どんなに大きな夢でも、どんなに些細な願望でも構いません。**具体的な目標や実現したいこと、挑戦してみたいこと、学びたいこと、行ってみたい場所、体験してみたいこと、すべてを書き出してみましょう。現実的な制約を取り払って、自分の本当にやりたいことに焦点を当てることが大切です。

［ワーク2］やりたいことリストを作るための27の質問に回答する

人生のカテゴリーごとの質問への回答をノートに書いてください。カテゴリーは、「PERMA＋4」のポジティブな感情、没頭、関係、意義、達成、身体的健康、マインドセット、職場環境、経済的安定の9つです。

① ポジティブな感情

Q1 何をしているときに、最も楽しいと感じますか？
Q2 最近、あなたを笑顔にした出来事は何ですか？
Q3 どのような活動が、あなたにポジティブなエネルギーを与えますか？

② **没頭**

Q4 何をしているときに、最も集中力を発揮できますか？
Q5 趣味や仕事で、夢中になれることは何ですか？
Q6 どんな挑戦が、あなたをワクワクさせますか？

③ **関係**

Q7 どんな人といるときに、最もリラックスできますか？
Q8 友人や家族と、どのような時間を過ごしたいですか？
Q9 新しい関係を作るために、どのような活動に挑戦したいですか？

④ **意義**

Q10 あなたにとって、人生で最も大切な価値観は何ですか？

Q11 社会やコミュニティに対して、どのような貢献をしたいですか？
Q12 あなたが感じる「意義のある仕事」はどんなものですか？

⑤ 達成

Q13 最近達成したいと感じた目標は何ですか？
Q14 どのようなスキルや知識を身につけたいですか？
Q15 どのようなプロジェクトに取り組むことで、達成感を感じますか？

⑥ 身体的健康

Q16 どのような運動に取り組みたいですか？
Q17 新しく取り入れたい健康習慣は何ですか？
Q18 どのような食生活を送りたいですか？

⑦ マインドセット

Q19 自己成長を促進するために、どのような活動を行いたいですか？
Q20 楽観的な視点を持つために、どのような習慣を取り入れたいですか？

Q21 あなたが尊敬している人はどんな人ですか？

⑧職場環境

Q22 最も生産的に働ける環境はどんな場所ですか？
Q23 職場環境を整えるために、どのような工夫を取り入れますか？
Q24 仕事中にリラックスするために、どのような方法を試しますか？

⑨経済的安定

Q25 収入源をもう一つ増やすなら、何を増やしたいですか？
Q26 経済的なストレスを軽減するために、どのようなプランを立てますか？
Q27 経済的な自由のために、どのような投資をしますか？

これらの質問を通じて、各カテゴリーにおいて具体的な目標や願望を明確にすることができるでしょう。

chapter 5

夢を行動に変える「人生アクションリスト」を作る

“目標とは、締め切りのある夢である”

――――ナポレオン・ヒル

ウェルスクの全体像

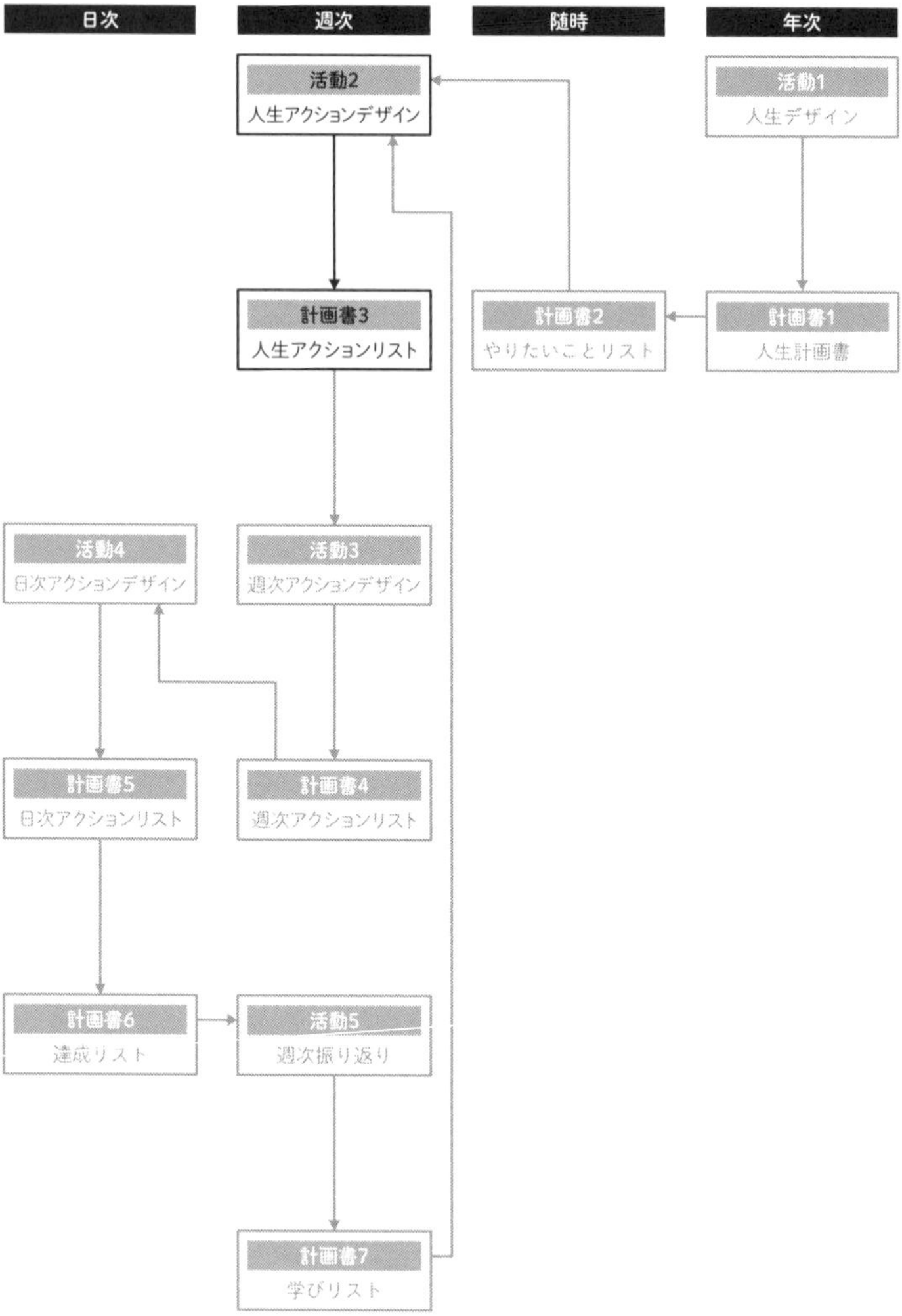

日次
週次
随時
年次
活動2
人生アクションデザイン
活動1
人生デザイン
計画書3
人生アクションリスト
計画書2
やりたいことリスト
計画書1
人生計画書
活動4
日次アクションデザイン
活動3
週次アクションデザイン
計画書5
日次アクションリスト
計画書4
週次アクションリスト
計画書6
達成リスト
活動5
週次振り返り
計画書7
学びリスト

計画書3 人生アクションリスト

ウェルスクの計画書の3つ目は、やりたいことリストをブラッシュアップした「人生アクションリスト」です。これを定期的に作成する活動が「人生アクションデザイン」です。

人生アクションリストの作成手順

①やりたいことはジョブストーリーフォーマットを使用してアクションを具体化する
②期間（年代別）に分ける
③やりたいことの条件がある場合に「IF-THENプランニング」形式で条件を書く
④アクションを優先順位で並べ替える
⑤直近で取り組む項目を1時間単位で分割して見積もる

作成手順1　ジョブストーリーフォーマットを活用する

人生アクションリストの作り方の1つ目は、「ジョブストーリーフォーマット」を活用することです。これは、「**〇〇なとき（特定の条件）**、**△△したい（動機）**、**□□のために（期待する成果）**」という形で顧客の要求を書く手法です。スクラムでは主に顧客の望む価値を明確にするために使用します。

ジョブストーリーフォーマットを活用すると、**実際にはやる必要のなかった不要なタスクに気づけます**。

「30歳になったら、スカイダイビングをしたい」というやりたいこと（動機）があるとします。そこには『危険なことができる自分を示して尊敬を得て、幸福を感じたい』という期待する成果が隠れているかもしれません。このことに気づけば、スカイダイビングをしなくても、自尊心を高める別の方法を見つけることができます。

ちなみに、自尊心を高める方法の一つに「感謝の実践」が挙げられます。感謝の気持ちを持つことは、自尊心や幸福感に良い影響を与えることがわかっています。

ロバート・エモンズ氏とマイケル・マッカロー氏は、感謝を「ポジティブな結果を得たことを認識する」「そのポジティブな結果には外的要因があることを認識する」の二段階のプロセスとして定義しました。

感謝の気持ちを持つと、より安全かつ効果的に自尊心を高められるのです。

期待する成果がはっきりしている動機は、具体的な条件や成果を詳細に記述する必要はありません。「健康的な食事を取る」という動機がある場合、「健康の向上」が直接的な目的として自明であれば、それを改めて書く必要はないのです。

一方、**成果が明確でない動機の場合は、期待する成果を自問自答し、それを文書に明記することが重要**です。

例えば、「ジムに通う」という動機があるとします。その期待する成果が「見た目を良くすること」なのか、「孫と外で遊べるよう健康な体を維持すること」なのかによって、選ぶべきジムの種類や健康維持のための他の選択肢が変わってきます。

作成手順2　やりたいことリストを「期間」で分ける

次に、**人生を期間ごとに分割し、それぞれの期間にやりたいことを割り当てる「タイムバケット法」の実行**です。これは、書籍『DIE WITH ZERO』（ダイヤモンド社）で紹介された方法です。この方法は、将来の人生の各段階に優先順位をつけた目標や活動に焦点を当てることで、時間やリソースをより効果的に活用することを目指しています。

タイムバケット法は、まず現在をスタート地点、予測される人生最後の日をゴール地点とします。そして5年または10年単位で人生を区切ります。chapter4で作った「やりたいことリスト」に挙げた項目を、実現したい時期に割り当てます。例えば、30～35歳（または39歳）までの間に、何をやり遂げたいのかを考えます。

作成手順3　「条件つき」のやりたいこと

やりたいことに条件がある場合は、「〇〇したら（IF：条件）、△△する（THEN：アクション)」の形式で書きます。例えば、「ボーナスが入ったら(IF)、インデックス投資に追加投資をする(THEN)」といった具体的な条件と行動を結びつけることができます。この方法を使うと、アクションの実行条件が明白になり、優先順位をつけやすくなります。

作成手順4　やりたいことを「優先順位」で並べ替える

やりたいことを優先順位で並べ替え、ブラッシュアップします。このステップでは、重要度と緊急度を評価し、「Tシャツ見積もり」を行います。

優先順位のつけ方①　重要度と緊急度の評価

「重要度」とは、そのアクションがあなたの人生の目的やゴールにどれだけ貢献するかを指します。具体的には寿命対効果すなわち、**どれだけの労力や時間がかかるかに対して、得られる効果がどれほど大きいかを評価します**。取引先に謝罪しに行くといったストレスの高いアクションは時間を消費するだけでなく、健康にも悪影響を及ぼします。そのため寿命対効果は低くなります。

「緊急度」とは、そのアクションをどれだけ早く行う必要があるかを指します。

優先順位の付け方②　Tシャツ見積もりの実施

Tシャツ見積もりはスクラムで使われる見積もり手段で、アクションの重要度や緊急度をTシャツのサイズ（XS、S、M、L、XL、XXL）で示します。

ウェルスクのTシャツ見積もり分類

- **XS**：重要でも緊急でもない
- **S**：重要ではないが緊急
- **M**：重要だが緊急ではない
- **L**：重要でやや緊急
- **XL**：とても重要かつやや緊急
- **XXL**：とても重要かつ緊急

見積もりは相対的なものなので、ラベルをつけていくうちに自分の中での指標が明確になります。最初はS、M、L、XLの4段階から始め、慣れてきたらXSからXXLまで

Tシャツ見積もり

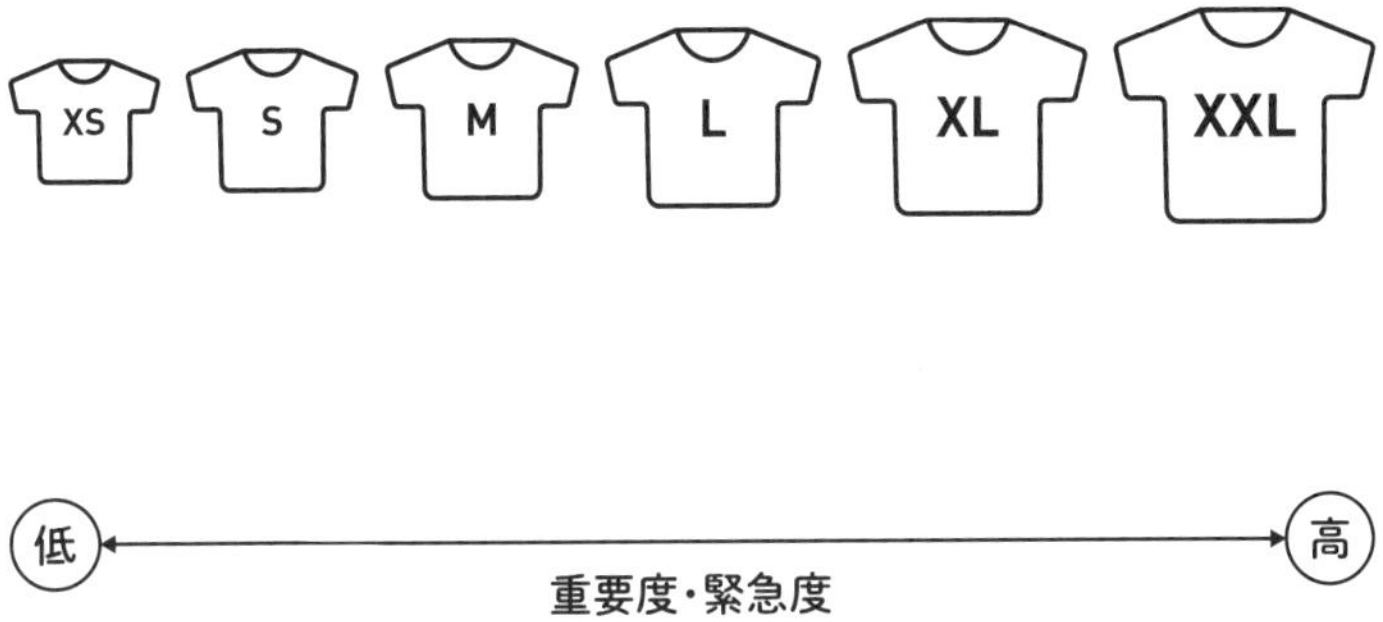

増やしてもいいでしょう。

XSに分類した項目は重要でも緊急でもないため、アクションリストから削除します。もしそれが本当に重要であれば、自然と再び必要性を感じられ、リストに戻ることになりますので心配はいりません。S（重要ではないが緊急）は、他者への委託を考えます。

M、L、XL、XXLの項目は、次のchapterで説明する週次活動計画にあたる週次アクションリストに追加を検討します。

作成手順5　2週間でやることを「15分単位」のアクションで見積もる

人生アクションリストの作成手順の5つ目は、**直近2週間で取り組むアクションを15分単位で分割して見積もる**ことです。

ウェルスクでは、この見積もりをトマトの数で表現します。**1トマトは15分に相当し、最大4トマトまで**計測します。つまり、アクションは最大で1時間単位の作業に分割します。見積もりの段階で1時間（4トマト）以上のアクションになりそうなものは、作業を「細分化」しましょう。

休憩時間も含めると、ウェルスクの1サイクルは次ページの図の通りです。**15分の作業と5分の休憩を3回繰り返し、4回目の作業が終わったら15〜30分の長めの休憩を取ります**。この時間設定は、体内の活動（心拍、消化、脳波活動など）が短い周期で繰り返されるリズムである「ウルトラディアンリズム」を意識しています。

ウルトラディアンリズムの周期は約90分とされていますが、最短では15分の周期も存在します。90分周期で特に有名なのが「レム睡眠」です。

郵 便 は が き

料金受取人払郵便

にほんばし
蔵前局承認

1134

差出有効期間
2026年6月
18日まで

切手をお貼りになる
必要はございません。

103-8790

953

中央区日本橋小伝馬町15-18
EDGE小伝馬町ビル9階
総合法令出版株式会社 行

本書のご購入、ご愛読ありがとうございました。
今後の出版企画の参考とさせていただきますので、
ぜひご意見をお聞かせください。

フリガナ お名前	性別 男・女	年齢 歳
ご住所 〒 TEL （ ）		
ご職業 1.学生 2.会社員·公務員 3.会社·団体役員 4.教員 5.自営業 6.主婦 7.無職 8.その他（ ）		

メールアドレスを記載下さった方から、毎月5名様に書籍1冊プレゼント!

新刊やイベントの情報などをお知らせする場合に使用させていただきます。

※書籍プレゼントご希望の方は、下記にメールアドレスと希望ジャンルをご記入ください。書籍へのご応募は1度限り、発送にはお時間をいただく場合がございます。結果は発送をもってかえさせていただきます。

希望ジャンル：☐ 自己啓発 ☐ ビジネス ☐ スピリチュアル ☐ 実用

E-MAILアドレス ※携帯電話のメールアドレスには対応しておりません。

お買い求めいただいた本のタイトル

■お買い求めいただいた書店名

(　　　　　　　　　　)市区町村　(　　　　　　　　　　)書店

■この本を最初に何でお知りになりましたか

□ 書店で実物を見て　□ 雑誌で見て(雑誌名　　　　　　　　　　)
□ 新聞で見て(　　　　　　新聞)　□ 家族や友人にすすめられて
総合法令出版の(□ HP、□ Facebook、□ Twitter、□ Instagram)を見て
□ その他(　　　　　　　　　　)

■お買い求めいただいた動機は何ですか(複数回答も可)

□ この著者の作品が好きだから　□ 興味のあるテーマだったから
□ タイトルに惹かれて　□ 表紙に惹かれて　□ 帯の文章に惹かれて
□ その他(　　　　　　　　　　)

■この本について感想をお聞かせください

(表紙・本文デザイン、タイトル、価格、内容など)

(掲載される場合のペンネーム：　　　　　　　　　　)

■最近、お読みになった本で面白かったものは何ですか?

■最近気になっているテーマ・著者、ご意見があればお書きください

ご協力ありがとうございました。いただいたご感想を匿名で広告等に掲載させていただくことがございます。匿名での使用も希望されない場合はチェックをお願いします□
いただいた情報を、上記の目的以外に使用することはありません。

ウェルスクの作業サイクル

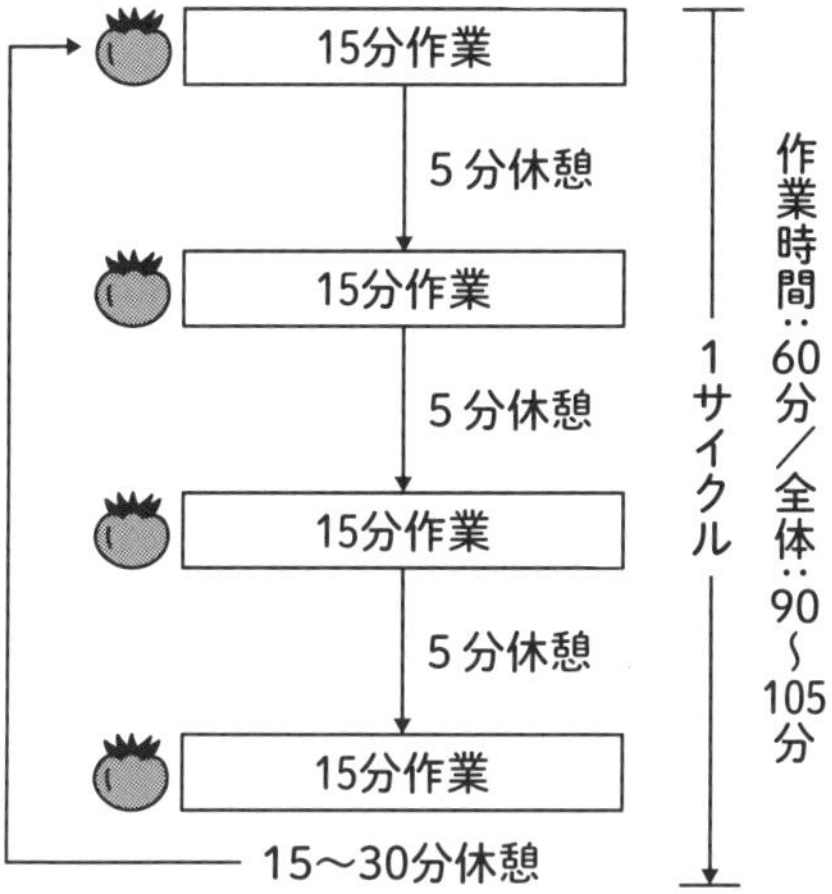

このリズムは覚醒時にも影響を及ぼし、集中力や生産性の波にも関与します。覚醒時の集中力やパフォーマンスの向上と低下が約90分ごとに繰り返されることが観察されているのです。

アクションを分割し工数を見積もる

アクションの見積もりは、アクションの「分割」と「工数」の2ステップで行います。

工数とは作業量を示し、特定の作業が完了するまでに必要な人数や時間を計測する指標です。

まず、**今週および来週に取り組む可能性が高いアクションを1時間以内のアクションに分割**します。

次に、**分割した各アクションの所要時間を「トマト」の数で見積もります**。1トマト＝15分のため、アクションが15分以内で終わる場合は1トマト、最長で1時間（4トマト）と見積もります。

例えば、プレゼン準備を行う場合、タスクを「プレゼンの準備」としてしまうと、発表直前までアクションが完了せず、準備不足で本番を迎えることになるでしょう。

そこで、**アクションを具体的かつ短時間で終わるものに分割します**。例えば、

- プレゼンの目的の明確化＝4トマト
- リサーチと情報収集＝4トマト
- プレゼンの構成を決める＝3トマト
- 原稿の作成＝3トマト
- スライドの作成＝3トマト
- スライドの校正＝2トマト
- リハーサル＝4トマト

といった具合です。

トマトの数で作業時間を見積もる

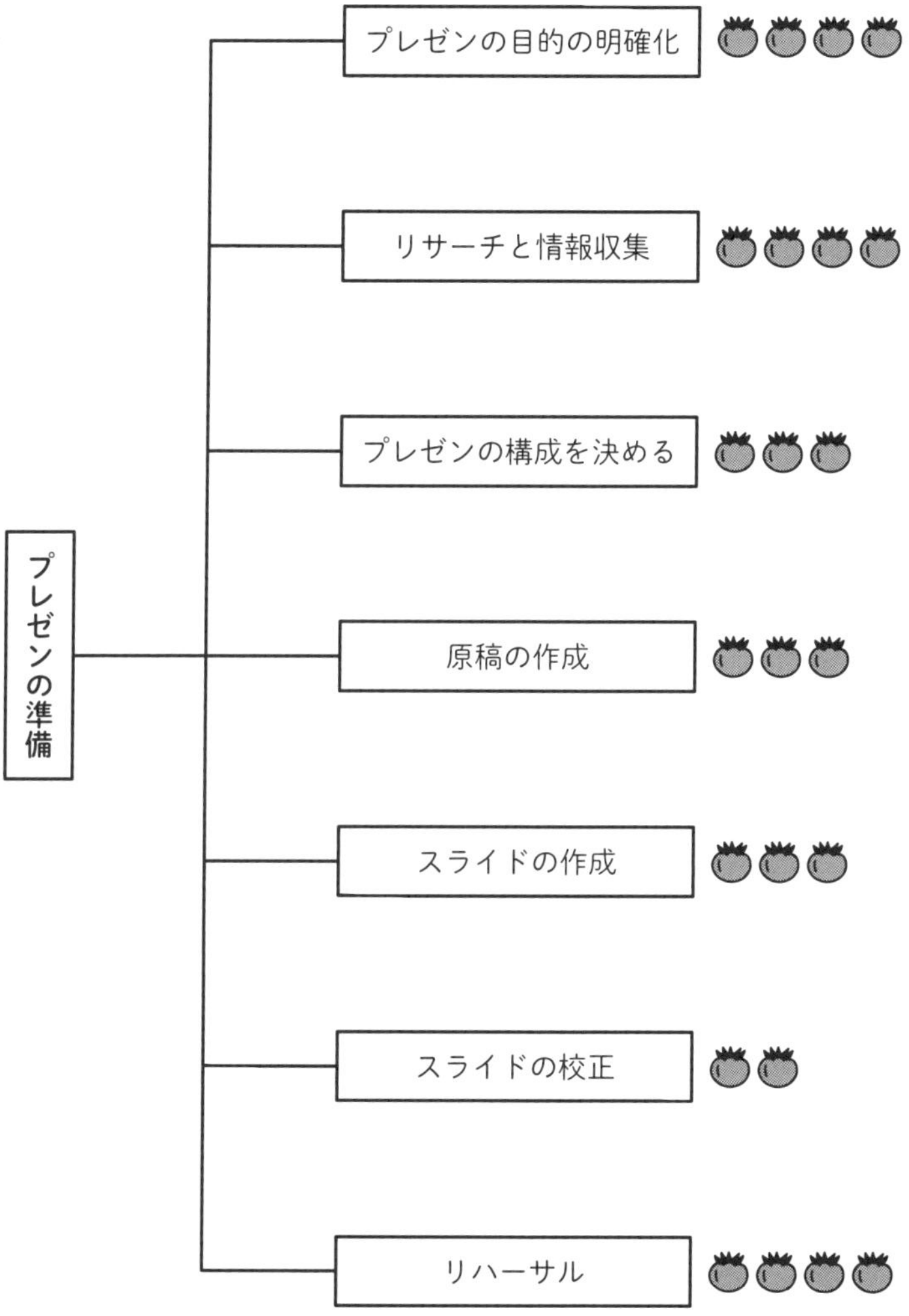

このようにアクションを**1時間以内に終わる単位に分割することで、計画的に進行でき、準備不足を防ぎます**。

2分以内で終わる項目は、GTDの法則に従い即座に実行してください。ただし、この2分ルールは、アクションを整理し見積もる段階でのみ適用します。

普段からアクションを思いついた瞬間に2分以内で終わる作業に取り掛かってしまうと、結果として2分以内で終わらないケースも多く、日次ゴールの達成が妨げられる可能性がありますそのため、見積もりを行うときに、2分以内で終わるタスクは完了しておきましょう。他の重要な作業に集中しているときに中断することを防ぎ、効率的にアクションを進めることができます。

効率良くアクションを見積もるために

アクションの分割と工数の見積もりは、〝慣れ〟も必要です。**分割の仕方がわからない場合は、生成AIを活用してみてください**。ChatGPTに「新規企画のプレゼンのタスクを1時間以内の単位に分割してステップバイステップで示してください」と依頼した例を、126ページに掲載しました。ChatGPTを使うと簡単に分割の叩き台ができるので、分割を考える時間を短縮できます。

すべてのアクションを分割する必要はありません。なぜなら、作業を進める中で優先順位が変わり、そのアクションを実行しない可能性があるからです。

もし実行しない場合、分割や見積もりにかけた時間が無駄になるため、**アクションの分割と見積もりは、2週間分だけに限定する**と効率的です。近い将来に取り組むアクションに焦点を絞ります。

実際、スクラムでも、詳細な仕様を固めるのは現在および次の期間で取り組む可能性が高い項目に限ることが多いです。これにより、柔軟に優先順位を変更しながら効果的に作業を進めることができます。

これら5つのブラッシュアップを行った「やりたいことリスト」を、「人生アクションリスト」と呼びます。

ChatGPTを活用した例

新規企画のプレゼンのタスクを1時間以内の単位に分割してステップバイステップで示してください」

新規企画のプレゼンを準備する際のタスクを1時間以内の単位に分割し、ステップバイステップで示します。以下のステップに従って進めると、計画的にプレゼンの準備ができます。

ステップ1: プレゼンの目的を明確にする（1時間）

- **目的とターゲット設定**（30分）
  - プレゼンの目的を明確にし、ターゲットオーディエンスを決定する。
- **メッセージの決定**（30分）
  - プレゼンで伝えたい主なメッセージを決める。

ステップ2: リサーチと情報収集（1時間）

- **情報収集**（30分）
  - 必要なデータや情報をインターネットや社内資料から集める。
- **資料の確認**（30分）
  - 集めた情報を確認し、プレゼンに使う資料を選定する。

ステップ3: プレゼンの構成を決める（1時間）

- **イントロダクションの構成**（20分）
  - プレゼンの導入部分を考え、興味を引く内容を決める。
- **メインコンテンツの構成**（20分）
  - プレゼンの主要な内容をセクションごとに整理し、論理的な流れを作る。
- **結論の構成**（20分）
  - プレゼンの締めくくり部分を考え、主なポイントを再確認する内容を決める。

人生アクションリストを作る「人生アクションデザイン」

定期的な活動の一つである人生アクションデザインは、「人生アクションリスト」(ブラッシュアップしたやりたいことリスト)を作成する活動です。

ただし、この活動は他のアクションの作業時間を圧迫しないように、**週に一度、15分から30分程度で終わらせる**ことを目指します。スクラムガイド2017でも「作業時間の10%以下にすることが多い」とされています。効率的に計画を立てることが重要です。

この活動を通じて、ゴールややりたいことを再確認し、それに向けた具体的なアクションを計画します。

【ワーク1】やりたいことリストのブラッシュアップ①

chapter4で顕在化したやりたいことを「〇〇なとき（特定の条件）、△△をしたい（動機）、□□のために（期待する成果）」（ジョブストーリーフォーマット）という形で修正します。すべての項目をこの形式で書くのは大変なので、期待する成果が明らかな場合は省略しても構いません。

【ワーク2】やりたいことリストのブラッシュアップ②

現在をスタート地点にして、予測される人生最後の日をゴール地点にします。30〜34歳（または39歳）のように、5年または10年単位で人生を区切ります。【ワーク1】でブラッシュアップしたやりたいことを、実現したい時期に割り当てます。

【ワーク3】やりたいことリストのブラッシュアップ③

実行条件がある場合は、「〇〇したら（IF：条件）、△△する（THEN：アクション）」の形にします。条件が年齢や特定の年に関連する場合は、次のchapterで詳しく解説しますので、ここでは書かなくて大丈夫です。

［ワーク4］アクションを優先順位で並べ替える

アクションを、次の手順で評価します。

①重要度：各アクションが自分の人生目的やゴールにどれだけ貢献するか
②緊急度：各アクションの緊急度を考え、どれだけ早く行う必要があるか
③Tシャツ見積もり：各アクションに対してTシャツのサイズを割り当てる

①〜③の評価に基づいて、アクションを優先順位で並べ替えます。XSの項目をリストから削除し、Sの項目については委託や自動化を検討します。

［ワーク5］工数の見積もり

今週および来週取り組む可能性が高いアクションを1時間以内のタスクに分割します。分割したタスクの各アクションの所要時間を、トマトの数で見積もります。1トマト＝15分で換算し、アクションが15分以内で終わる場合は1トマト、最長で1時間（4トマト）として見積もります。

chapter 6

週次活動計画「週次アクションリスト」を作る

“小さな仕事に分けてしまえば、
何事も特に難しいことはない。”

——— ヘンリー・フォード

ウェルスクの全体像

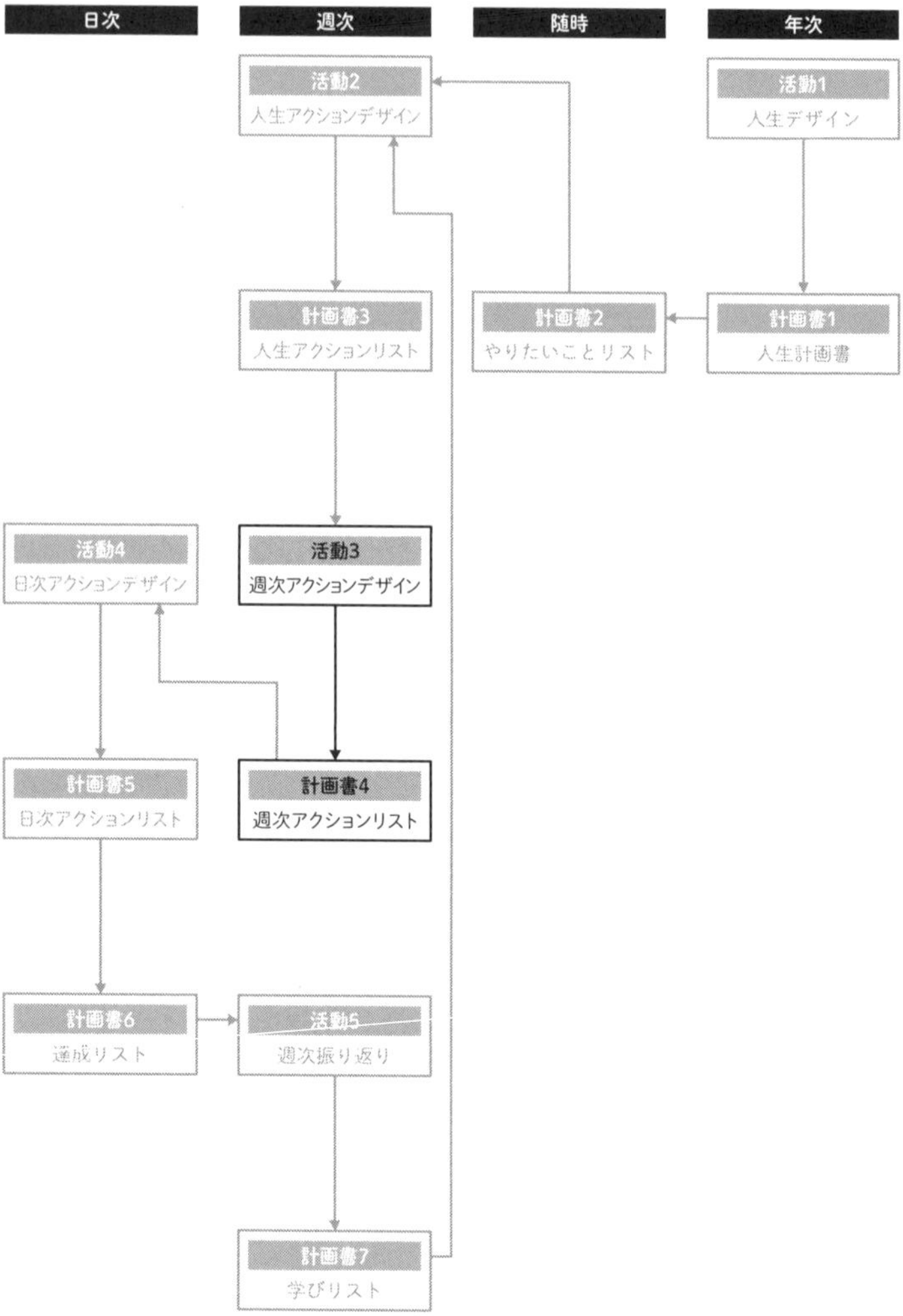

日次
週次
随時
年次
活動2
人生アクションデザイン
活動1
人生デザイン
計画書3
人生アクションリスト
計画書2
やりたいことリスト
計画書1
人生計画書
活動4
日次アクションデザイン
活動3
週次アクションデザイン
計画書5
日次アクションリスト
計画書4
週次アクションリスト
計画書6
達成リスト
活動5
週次振り返り
計画書7
学びリスト

計画書4　週次アクションリスト

次に、1週間に一度、その週に行うアクションを計画する「週次アクションリスト」を作ります。

週次アクションリストの作成手順

①その週に達成したい「週次ゴール」を決める
②週次ゴールを達成するための「日次ゴール」を定める
③アクションを曜日ごとに割り振る
④アクションを「Tシャツ見積もり」順に並べる

作成手順1　週次ゴールを決める

まず、その週に達成する「週次ゴール」を決めます。週次ゴールは人生アクションリストの特定のまとまりです。週次アクションリストの中心となり、人生ゴールへの小さな一歩を示します。**「この1週間で何を実現したいか？」という問いに対する答えが、週次ゴール**となります。

週次ゴールの例として、「書籍の原稿を編集者に提出する」が挙げられます。このアクションは1時間以上かかるため、人生アクションリストでは「目次を作る＝4トマト」「第2章の参考文献を調べる＝3トマト」のように分割して定義されているはずです。

週次ゴールを明確にすることで、1週間の活動が集中しやすくなり、効率的かつ効果的にアクションをこなすことができます。

作成手順2　日次ゴールを定める

次に週次ゴールを達成するために、**各曜日に達成すべき最も重要なアクションを逆算し**

て**「日次ゴール」**を決めます。日次ゴールは、その日の主要なアクションであり、これを達成することで週次ゴールに近づくことができます。

日次ゴールを達成できれば、他のアクションはできなくても構いません。できなかったアクションは同じ週内で調整し、難しい場合は人生アクションリストに戻します。

先ほどの例から、日次ゴールを「書籍の〝はじめに〟を完成させる」と定めたとします。ただし、「完成」といった曖昧な意味の場合は、完成という言葉の定義も決めておきましょう。私なら、原稿を書き校正まで終えた段階を「完成」と定義づけます。

作成手順3　アクションを曜日ごとに割り振る

週次アクションリストの作成手順の3つ目は、アクションを曜日ごとに割り振ることです。これにより、アクションの開始日と締切日が明確になります。これは「パーキンソンの法則」を活用するためです。

パーキンソンの法則とは「仕事は、完成までに利用可能な時間をすべて満たすように拡大していく」というものです。実際、多くの人がプレゼンの準備などを最後の1日で慌てて完成させた経験があるでしょう。この法則を活用して、自分で締め切りを設定することで、効率的に作業を進められます。

この際、**利用可能な作業時間を確認し、少し挑戦的な割り振りを行いましょう。**

また、日次ゴールの締め切りをさらに強固にするために、**他者に宣言すること**も有効です。例えば、私は毎朝、日次ゴールを家族に宣言しています。すると、スキマ時間を使ってでもゴールを達成しようと、モチベーションを高めて努力できます。

ＳＮＳで宣言することも、他者に見てもらう機会が増えるので効果的です。ぜひ「**#ウェルスクク**」をつけて日次ゴールを宣言してください。宣言を発見した方は、「いいね」を押してあげてくださいね。

作成手順4　アクションを「Tシャツ見積もり」順に並べる

アクションをTシャツ見積もり（118ページ）の順に並べます。最も優先すべきアクションから順に日次ゴールのアクションとなり、これが実際に取り掛かる順になります。これにより、日次ゴールを優先して実行できます。

週次アクションリストの作成手順

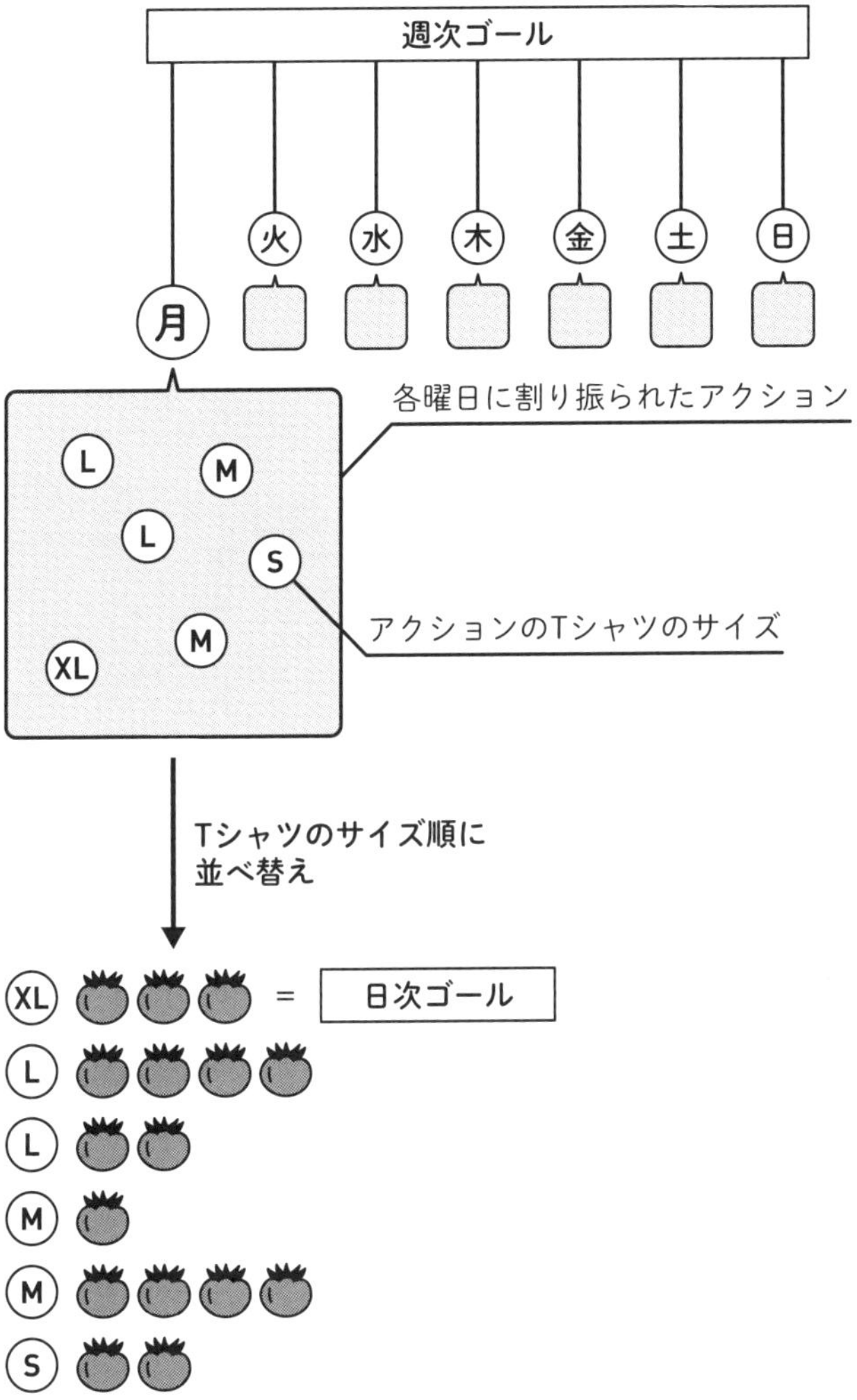

週次アクションリストを作る「週次アクションデザイン」

定期的な活動の一つである週次アクションデザインは、1週間の計画である「週次アクションリスト」を作るための活動です。前項にて説明した4つの手順に沿って作成します。

週次アクションリストを作るときに欠かせない工程が、アクションの見直しです。アクションを見直す際には、見積もりや1時間以内に分割されていないアクション、適切でないアクションは更新し、リストに追加します。

作業手順1~4のプロセスを経て、週次アクションリストが具体的かつ実行可能な計画となり、効果的な時間管理と目標達成が促進されます。

月曜の朝などに、15分を目安に実施するのがおすすめです。

【ワーク】週次アクションリストを作成する

まず、chapter5で作成した「週次人生アクションリスト」から、今週達成したい主要なゴール（週次ゴール）を一つ決めて、ノートに書き出します。

次に、設定した週次ゴールを達成するために、各曜日における最も重要なアクション（日次ゴール）を決めます。

そして日次ゴールに基づいて、具体的なタスクを各曜日に割り振ります。その際、1日の作業時間は120ページでアクションにかかる時間（トマトの数で見積もる）をもとに考えましょう。

曜日ごとに決めた各アクションを、Tシャツ見積もり順に並べます。並べたらその順に実行すれば、優先度の高い順に日次ゴールを達成できます。

最後に、日次ゴールを家族や同僚、SNSに宣言します。SNS上で宣言する際は、「#ウェルスク」をつけましょう。他者に見てもらう機会が増えると、日次ゴールの締め切りの効果を上げ、モチベーションを高めて作業に取りかかれます。

chapter 7

日次活動計画「日次アクションリスト」を作る

“人生とは今日一日の事である”

――― デール・カーネギー

Dale Carnegie

ウェルスクの全体像

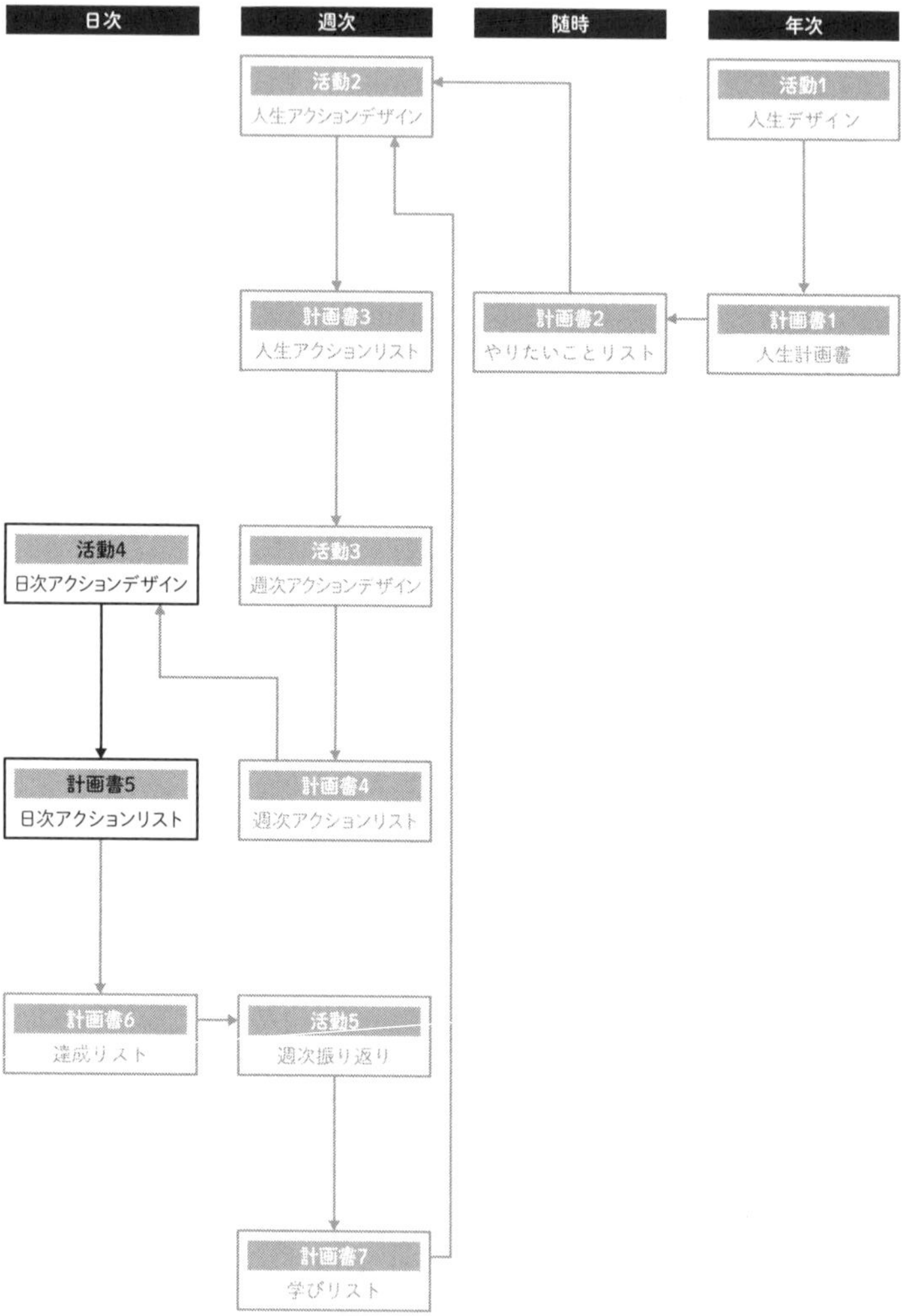
日次
週次
随時
年次
活動2
人生アクションデザイン
活動1
人生デザイン
計画書3
人生アクションリスト
計画書2
やりたいことリスト
計画書1
人生計画書
活動4
日次アクションデザイン
活動3
週次アクションデザイン
計画書5
日次アクションリスト
計画書4
週次アクションリスト
計画書6
達成リスト
活動5
週次振り返り
計画書7
学びリスト

計画書5　日次アクションリスト

ウェルスクの計画書の5つ目は、日次の活動計画である「日次アクションリスト」を作ります。日次アクションリストには、前のchapterで決めた日次ゴールとその日に実行するアクションのリスト、そして「習慣」を記載します。これを定期的に作成する活動が「日次アクションデザイン」です。

その日にやりたいことを実行するのはもちろんですが、「洗濯をする」「筋トレをする」といった日々の習慣も、日次のアクションの一つです。その日にやりたいことは、些細なことでも記載し、実行を促します。

アリストテレスはかつて、「人は習慣によってつくられる。優れた結果は一時的な行動ではなく、習慣から生まれる」と述べました。この言葉は、日々の行動がいかに私たちの人生に影響を与えるかを強調しています。

習慣化のコツは「自分の仕組み化」

習慣が続かなかった人は、自制心がないのではありません。単に**習慣化のコツを知らず、自分の行動の仕組み化ができていなかっただけ**です。

『習慣の力』（早川書房）によれば、習慣はキュー（きっかけ）、ルーティン（行動）、報酬の3つの要素で構成されます。例えば、あなたが「歯磨き」を習慣化できたのは、次のようなプロセスを踏んでいたからです。

きっかけ「口の中を不快に感じる」
←
行動「歯磨きをする」
←
報酬「口内がきれいで気分がいい」
←

習慣化

ここでは、習慣を形成する3つの要素にならい、自分を仕組み化するコツを「きっかけの改善」「行動の最適化」「報酬の強化」の3つに分けて説明します。

キュー（きっかけ）の改善

「きっかけ」は行動を開始するトリガーです。

きっかけの改善には、**習慣をIF-THENプランニングの形で定める、既存の習慣をトリガーとして利用する、悪い習慣のトリガーを隠す**の3点が有効です。

51ページでお伝えしたように、「朝起きたら、ジム用の服に着替える」、「カフェで席に着いたら、ノートを開く」といった形で習慣を定めると、実行しやすくなります。

特に、新しい習慣を始めたいときは、すでに習慣化している行動をきっかけに設定することで身につけやすくなります。すでにお風呂に入る習慣ができているならば、例えば「お風呂に入ったら（IF＝既存の習慣）、顔の体操をする（THEN＝新しく習慣にしたいこと）」というように、新しい習慣を既存の習慣に紐づけましょう。

きっかけを改善する3つ目は、悪い習慣のトリガーを隠すことです。

私は不登校時代にオンラインゲーム中毒だったことがあります。ノートパソコンを開くことがゲームをするトリガーだったため、パソコンからゲームを削除して、パソコン自体を別の部屋に隠すようにしました。

最初の1週間は、パソコンを別室から取り出して再度ゲームをインストールして遊ぶことを繰り返していました。しかし、徐々にパソコンを取りに行き、ゲームをインストールすることが面倒に感じるようになりました。気がつくとゲーム依存が治っていました。

このように、**トリガー自体をなくせば、悪い習慣も断ち切ることができる**のです。もし「やめたいけど、やめられない」と感じている習慣があるなら、トリガーを隠すことから始めてみてください。

ルーティン（行動）の最適化

ルーティンは、きっかけ（トリガー）に応じて取られる具体的な行動です。

行動の最適化には、**小さく始める、環境を整える、習慣を自動化する**ことの3点が有効です。

習慣化を試みる際は、大きな目標を設定するよりも、小さく始めることが重要です。『ジェームズ・クリアー式 複利で伸びる1つの習慣』では、2分間ルールを提唱しています。**新しい習慣を始めるときは「2分以内にできるものから始める」**というルールです。ジムで筋トレをするという習慣を始める場合、「ジム用の服に着替える」ことをまず習慣にするといった形です。

周囲の環境が習慣の形成と継続に大きく影響を及ぼします。そのため、目標達成を支援するように環境を整える（設計する）ことが推奨されます。

環境を整える＝「自宅を整備する」だけが選択肢ではありません。例えば、自宅での筋トレが習慣化しにくい場合は、ジムへ定期的に通うことを習慣にすることで運動を継続しやすくなります。私も家で筋トレをしていたときは続きませんでした。しかし、毎朝お茶を飲みながらノートを書き、書き終わったらジムへ行くという習慣を作ったところ、今では毎日ジムに通っています。

行動の最適化の3つ目は、定例業務や習慣を自動化することです。**自動化は忘れがちな行動を「システム」を使って確実に行い、時短する手段**です。

顧客の誕生日にメールを送る業務がある場合、自動的に誕生日メールを送る設定にすれば、顧客ごとに送信内容を確認するといった時間を短縮できる上に、送り忘れを防ぐこともできます。

自動化の利点は、時間とエネルギーを節約し、重要な業務に集中できることです。顧客にメールを送るといった、その行為自体に特別なスキルが必要ない定例業務は自動化して、他の重要な作業に時間を割きましょう。

報酬の強化

報酬は、「行動」を強化し習慣化させる要素です。

報酬の強化は、**社会的サポートの活用、フィードバックを得る、習慣の進捗の見える化**の3点が効果的です。

他人のサポートは習慣形成を助けます。Carron氏らの研究によると、特に運動などの物理的活動において、**グループで行うことが継続性を高める要因**になるとされています。

例を挙げると、私自身が学生時代に設立した朝のテニスグループは、LINEで朝に出席の意思を示す習慣がありました。これが定期的に活動を継続する動機づけとなりました。

テニスは最低でも2人以上いないとプレイできないので、誰かが「出席する」と言ったら、自分（もしくは別の人）が参加しなければ活動できないからです。ただし私は朝四時半に起きてLINEに投稿していたため、迷惑がられていました（笑）。

習慣を行ったことに対するフィードバックを得る仕組みを作ることで、習慣化のプロセスを強化します。例えば、ブログ投稿後にSNSで共有したり、家族や友人からの反応を得るといった方法がおすすめです。これにより、達成感とプレッシャーを得られます。

例えばブログを投稿する習慣があるなら、コメントやPV数、「いいね」などの評価を得ると達成感を得られます。毎日同じ時間に投稿していたら、遅れたときに「今日の投稿は休み？」といった反応が来るのでプレッシャーになります。この**達成感とプレッシャーが継続を後押しするのです**。

習慣の進捗を「視覚的」に追跡することでも、継続しやすくなります。手帳に進捗を記入したり、壁にチェックリストを掲示したりするなどの方法があります。

ウェルスクでは、習慣を達成できた〝継続数〟をカウントする方法を使用します。やり方はchapter9で具体的に説明しますが、これは語学学習アプリの「Duolingo」を体験して有効に感じた方法です。

私は、習慣を「2日連続でサボらない」というルールを設定し、もし2日連続でサボってしまった場合は継続日数をリセットしています。

習慣形成にかかる「66日」を目標にする

Lally氏らの研究によると、新しい行動が自動的な行動になる（何も考えなくても行動できるようになる）までには、平均66日かかるそうです。厳密には、この期間は行動の種類や人によって異なり、早い人は18日、時間がかかった人は254日でした。

何らかの行動を習慣にする場合、この**66日の継続を目指すことがゴールの目安**になります。

幸福感を高める習慣

幸福感を高める習慣を持つことは持続的な幸福につながります。ポジティブ心理学の分野では、習慣が幸福感に与える影響について多くの研究が行われています。

セリグマン氏らの研究では、「感謝の日記」をつける習慣が幸福感を大幅に向上させることが示されています。日々の感謝を記録することで、ポジティブな感情が増加し、全体的な幸福感が高まります。日記には、感謝の他にポジティブな感情や出来事を記録するのもいいでしょう。

定期的な「運動」も、幸福感に大きな影響を与えます。Blumenthal氏らの研究で、運動がうつ病の症状を軽減し、幸福感を向上させることが確認されました。運動によってエンドルフィンやセロトニンが分泌され、ストレスが軽減されるためです。

「マインドフルネス」の習慣も、幸福感を向上させます。マインドフルネスは、現在の瞬間に集中することでネガティブな思考を減少させる効果があります。Kabat-Zinn氏らの研究で、マインドフルネスがストレスを軽減し、幸福感が増すことがわかっています。

これらの習慣を、一つでも取り入れるようにしましょう。

日次アクションリストを作る「日次アクションデザイン」

定期的な活動の一つである「日次アクションデザイン」は、週次ゴールの達成に向けて、その日の計画を立てるためのものです。このプランニングは習慣化するために**毎日同じ時間、同じ場所で行い、実施時間は15分以内に設定します。**

日次アクションデザインでは、前日の活動の振り返り、アクションリストの更新、今日取り組むタスクの確認と調整を行います。

【ワーク1】前日の活動の振り返り

日次アクションデザインで行うことの1つ目は、前日の活動の振り返りです。

前日の活動を振り返り、「**ポジティブな出来事とその理由**」**のセットを3つ書き出します。**これは6カ月にわたって幸福感を増し、抑うつ症状を軽減させたという幸福の習慣「3 good things」をアレンジしたものです。毎朝ポジティブな気持ちで一日をスタートさせることができます。

［ワーク2］アクションリストの更新

次に、アクションリストの更新です。

chapter6で各曜日に割り振ったタスクの中で、完了済みのアクションは、次のchapterでご紹介する「達成・学びリスト」に移動します。メモ帳やスマホなどにメモがある場合は、その内容を「やりたいことリスト」に追加します。

［ワーク3］今日取り組むタスクの確認と調整

3つ目は、今日取り組むアクションを確認し、作業量に対して見積もりが多すぎる場合は調整する作業を行います。

日次アクションリストは、一度項目を決めたら項目を追加しない「クローズリスト」にします。つまり、**その日に発生した新たなアクションはすぐに日次アクションリストに追加するのではなく、やりたいことリストに加えることが重要**です。

このように、新しく発生した仕事を明日に回し、クローズリストを活用することを

「マニャーナの法則」と言います。例えば、新しく来るメールは、当日返信が必要なほど緊急度が高いものはほとんどないから、すぐに返信せずとも次の日で問題ないということです。

日次アクションデザインを行うことで、自分の計画を最新の状態に保ち、効率的にアクションを進めることができます。加えて、ポジティブな気持ちで毎朝をスタートできます。

chapter 8

成果を祝う「達成リスト」と仕組みを改善する「学びリスト」を作る

“心から正しいと感じることをしなさい。
どうせ批判されるのだから。”

――― エレノア・ルーズベルト

Eleanor Roosevelt

ウェルスクの全体像

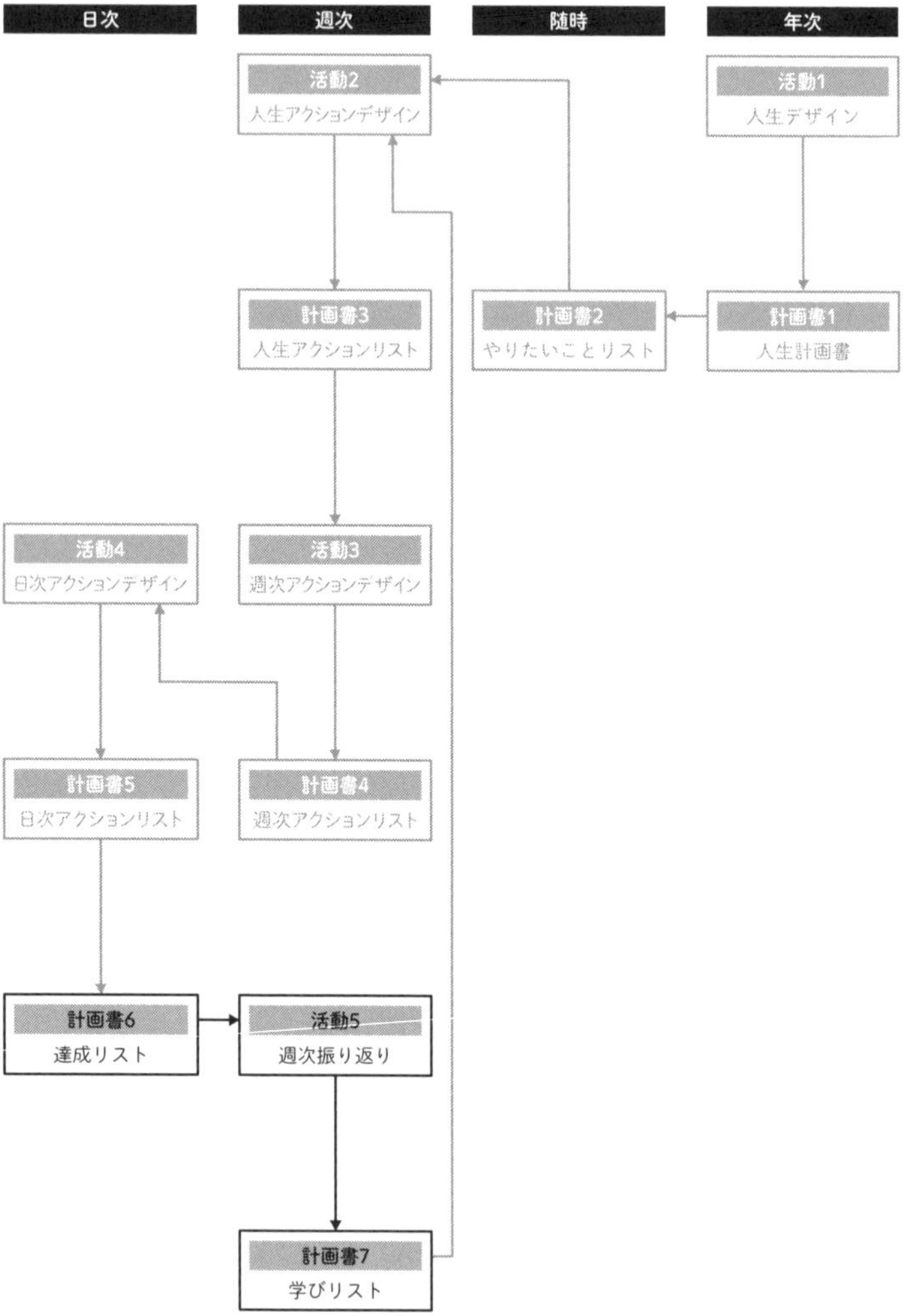

日次
週次
随時
年次
活動2
人生アクションデザイン
活動1
人生デザイン
計画書3
人生アクションリスト
計画書2
やりたいことリスト
計画書1
人生計画書
活動4
日次アクションデザイン
活動3
週次アクションデザイン
計画書5
日次アクションリスト
計画書4
週次アクションリスト
計画書6
達成リスト
活動5
週次振り返り
計画書7
学びリスト

計画書6-1 達成リスト

ウェルスクの計画書の6つ目は「達成・学びリスト」です。

「達成リスト」は毎日の成果を祝うために作成します。このリストは**毎日更新するもので、その日に達成（完了）したアクションを記載しましょう**。後述するNotionで行う場合は、日次アクションリストから達成した項目を移動させます。

【ワーク】達成リストの作成

まず、1日を振り返り、達成したアクションを書き出してください。**大小問わず、すべての達成事項をリストアップする**ことが重要です。そして、達成した成果を必ず祝いましょう。**小さな達成でも、自分を褒めることが大切**です。毎日書き出すことで、1週間後に「自分が今週、何をどれだけ成し遂げたか」を視覚的に確認できます。

計画書6-2　学びリスト

「学びリスト」は、ウェルスクの仕組みを継続的に改善するためのものです。
学びリストでは、アリスターコーバーン氏が書籍『アジャイルソフトウェア開発』（ピアソン・エデュケーション）で紹介している「**KPT（Keep, Problem, Try）フォーマット**」を用います。

KPTフォーマット

- **K（Keep）**：成功していて、今後も維持したいポジティブなことを挙げる
- **P（Problem）**：不満があり、改善が必要な点を挙げる
- **T（Try）**：KやPで挙げた項目を分析し、具体的な改善策や取り組むべきアクションを挙げる

このフォーマットを使うことで、ウェルスクの仕組みを毎週少なくとも一つは改善することを目標とし、ポジティブな変化を促進します。改善する項目は、ウェルスクのルールとして記載します。

私たちはつい「問題」に注目しがちです。しかし持続的な幸福のためには「ポジティブな点」を認識することが大切です。スクラムのデータによると、振り返りを行うことでチームのパフォーマンスが20％向上し、全スクラムチームの81％が各スプリント後に振り返りを実施していることがわかっています。

私は、もともと〝振り返り〟という行為に苦手意識がありました。しかし、KPTフォーマットを使うことでポジティブな振り返りが可能になり、気持ちよく継続できています。ポジティブに問題解決を図るアプローチは、「アプリシエイティブ・インクワイアリー」（AI）と呼ばれます。これはケース・ウェスタン・リザーブ大学のデビッド・L・クーパーライダー博士の研究から生まれました。

例えば、ブラジルのNutrimental Foods社は、このアプローチを導入してわずか1年で収益が3倍に増加し、欠勤率が75％減少、そして国内で「最も働きがいのある職場トップ100」に選出されるという目覚ましい成果を挙げました。

学びリストを作る「週次振り返り」

定期的な活動の一つである週次振り返りは、ウェルスクの仕組みを自分に合った形に継続的に改善していくために行います。

振り返りは、1週間分の達成リストをもとに行います。**1週間ごとに達成したアクションを区切ることで、先週の自分と今週の自分の努力の違いが可視化されます。**自分自身と比較することで成長を実感できます。

他者と自分を比べると、幸福度が低下します。過去の研究により、自分よりも優れていると感じる他者と比較する「上方社会的比較」をすると、ネガティブな心理的影響を引き起こすことが示唆されています。

特にSNSを見続けてしまう（受動的）使用者は、上方社会的比較をする傾向があり、主観的な幸福度が低下しやすいことがわかっています。

週次振り返りでは、1トマト＝15分で見積もった、**1週間分のアクションの「トマト」数（作業時間）と「Tシャツのサイズ」スコア（作業量）を数える**ことで、作業にかかる労力や時間を大まかに（定量的に）把握できます。これにより、次の週のアクションの見積もりや配分を改善するためのデータが得られます。

加えて週次振り返りの際には、KPT（Keep, Problem, Try）フォーマットを用いて、ポジティブな気持ちで「ウェルスク」の仕組みを改善します。

【ワーク1】今週の達成リストを振り返る

毎日、その日に達成したアクションを記録した達成リストを、1週間ごとにまとめて振り返りましょう。達成したアクションのトマト（1トマト＝15分）の数と、Tシャツ見積もりのサイズ（XS〜XXL）のスコアを数えます。

［ワーク2］KPTフォーマットで振り返りを実践

次に、KPTフォーマットを用いて、次の質問に答えながら、過去1週間を振り返ってください。

■K（Keep）
今週うまくいったことは何ですか？　それを続けるためには何が必要ですか？

■P（Problem）
どんな問題や課題に直面しましたか？　その原因は何ですか？

■T（Try）
Kで挙げた成功をさらに強化するために、新たに取り組むべきことは何ですか？
Pで挙げた課題を解決するために、最初に何をすべきですか？
新しく試してみたいルールは何ですか？

決定した「Try」の項目を、次のアクションとして「やりたいことリスト」に追加しましょう。このプロセスを繰り返すことで、継続的に仕組みを改善できます。

5つの活動の実施スケジュール

ウェルスクは、5つの活動を定期的に実施します。

- 人生計画書を作る「人生デザイン」
- 人生アクションリストを作る「人生アクションデザイン」
- 週次アクションリストを作る「週次アクションデザイン」
- 日次アクションリストを作る「日次アクションデザイン」
- 達成・学びリストを作る「週次振り返り」

実施の目安として、「人生デザイン」は年次（1年ごとに修正）です。

週次で行う活動は、「人生アクションデザイン」「週次アクションデザイン」「週次振り返り」の3つです。これらの活動は、同じ日にまとめて実施しても、別の日に分けて行っても構いません。

「日次アクションデザイン」は、毎朝行うことをおすすめします。**各活動は、一つあたり15分を目標に行います**。参考までに、1週間の活動スケジュールを示します。

- **月曜日の朝**：週次アクションデザイン＋日次アクションデザイン
- **火曜日の朝**：日次アクションデザイン
- **水曜日の朝**：人生アクションデザイン＋日次アクションデザイン
- **木曜日の朝**：日次アクションデザイン
- **金曜日の朝**：週次振り返り＋日次アクションデザイン
- **土曜日の朝**：日次アクションデザイン
- **日曜日の朝**：日次アクションデザイン

朝にこれらの活動を行う理由は、誰にも邪魔されない時間を確保しやすいためです。活動を習慣化するため、カレンダーに「リマインダー」を設定しておくと便利です。

chapter 9

ウェルビーイングスクラム に適切なツール

“未来を予測する最善の方法は、
自らそれを創り出すことである。”

——アラン・ケイ

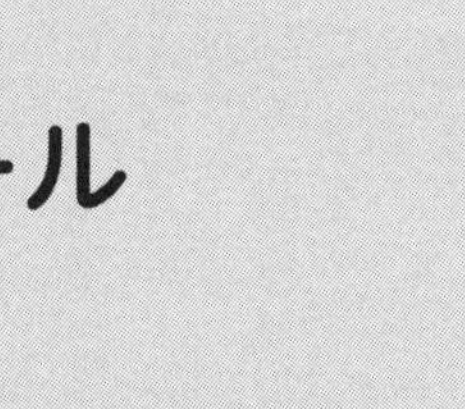

ウェルビーイングスクラムを一元化できるツール「Notion」

ウェルスクに適したツールとして、高機能な情報整理ソフトウェアである「Notion」を紹介します。

ウェルスクはノートや手帳、「Google カレンダー」などのアプリといった、見慣れたツールでも実践可能です。しかし、これらのツールを使用する場合、15分（トマト）の作業時間を計る際に別のツールを用いなければいけなかったり、柔軟性に欠けていて自分に合った形に修正できないといった欠点があります。

その点、**Notionを使えば、さまざまな情報やデータを一つの画面に集約して表示することができます。**

Notionとは？

Notionは、複数の機能を1つにまとめた高機能な作業管理や情報整理のためのソフトウェアです。このアプリは、ノート作成、プロジェクト管理、タスク管理、ドキュメント作成、データベース管理、カレンダー管理などの機能を統合しており、個人から企業までさまざまなニーズに対応しています。

NotionはPCのブラウザやスマホアプリで利用できます。

Notionに登録したら、すぐに「ウェルスク」を使えるように

ダッシュボードを作成するためのプロセスは、大きく分けて7つあります。

① Notionに新規登録する
② 新規ページを作成する
③ ポモドーロタイマーを組み込む
④ BGMを埋め込む

⑤ 各要素の配置を調整する
⑥ ビジョンをカバー画像に設定する
⑦「ウェルスクボードビュー」を埋め込む

ですが、一つずつ設定していくには少し時間がかかります。そこで、**たった「2ステップ」でウェルスクを始められるよう、本書の読者のために私が作成したNotionの「テンプレート」を用意しました**。

先ほどの7つのプロセスがこのテンプレートに集約されているので、複製したらすぐにウェルスクに取り組めます。ぜひ、このテンプレートを活用して、効果的なライフデザインを実践してください。

次のページから、テンプレートを使ってウェルスクを始め、活用する方法をお伝えします。ウェルスクを効果的に実践できる〝カスタマイズされたワークスペース〟を作成しましょう。

chapter 9 の読み方

Notionの操作画面イメージ
（利用環境によって表示は異なります）

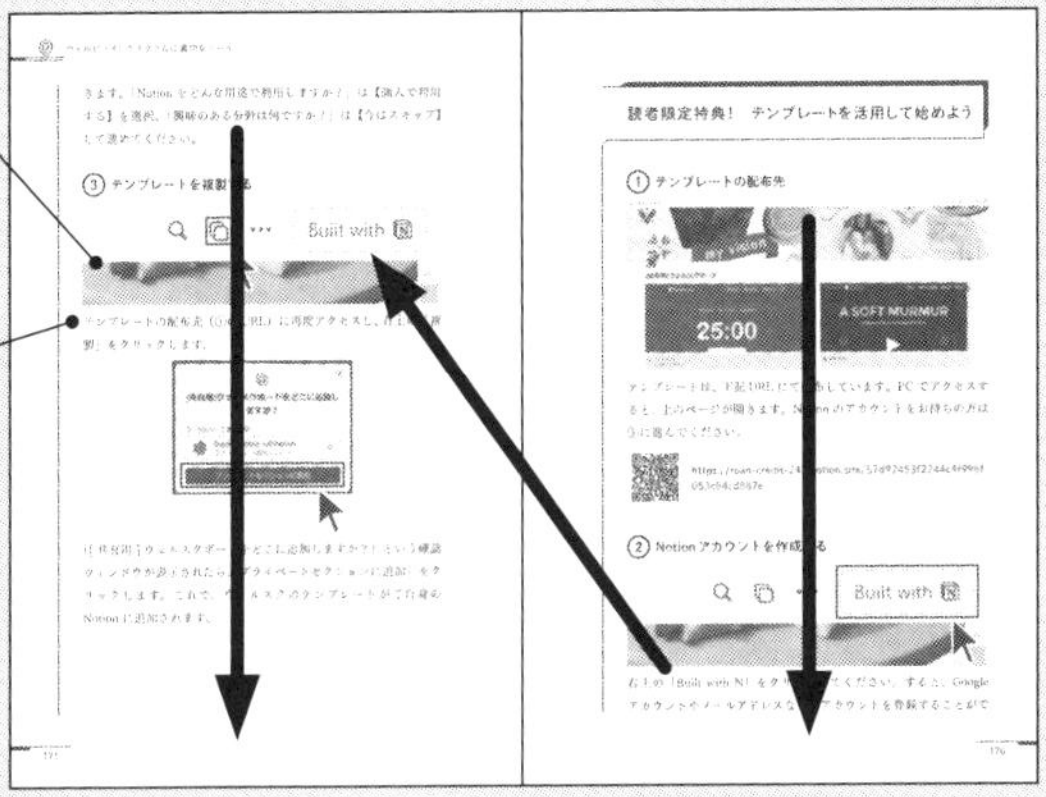

手順の説明（本書ではPCで実施する手順を解説します）

Notionでウェルスクを実施する手順を動画で見たい方は、
下記のリンクよりご覧ください。

https://youtu.be/NQap3kQjwFY

テンプレートを使わずにご自身でウェルスクボードを設計したい方は、
私のブログでやり方を紹介しているので参考にしてください。

https://rebron.net/blog/practicing-solo-scrum-with-notion-the-ultimate-task-management-technique/

読者限定特典！　テンプレートを活用して始めよう

① テンプレートの配布先

テンプレートは、下記 URL にて配布しています。PC でアクセスすると、上のページが開きます。Notion のアカウントをお持ちの方は、③に進んでください。

https://roan-credit-243.notion.site/57d92453f2244c4f998f053c84cd887e

② Notion アカウントを作成する

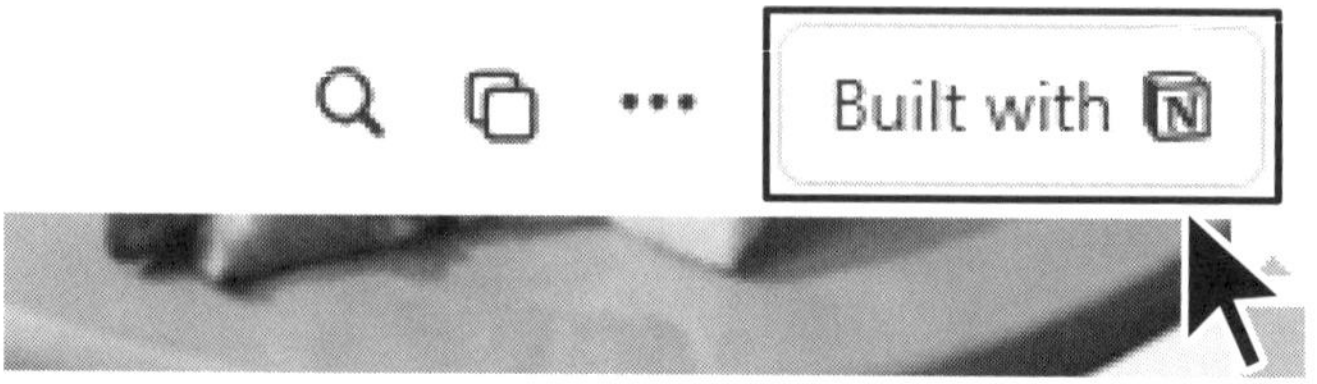

右上の「Built with N」をクリックしてください。すると、Google アカウントやメールアドレスなどでアカウントを登録することがで

きます。「Notion をどんな用途で利用しますか？」は【個人で利用する】を選択、「興味のある分野は何ですか？」は【今はスキップ】して進めてください。

③ テンプレートを複製する

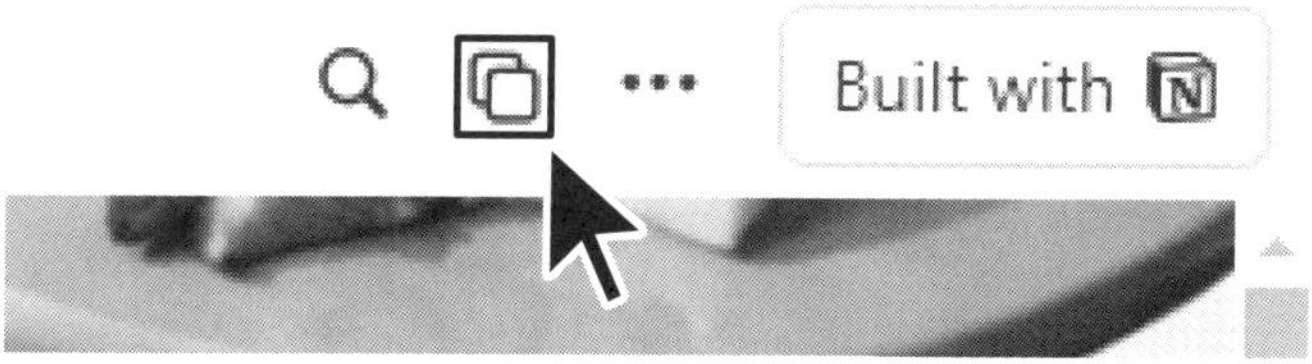

テンプレートの配布先（①の URL）に再度アクセスし、右上の「複製」をクリックします。

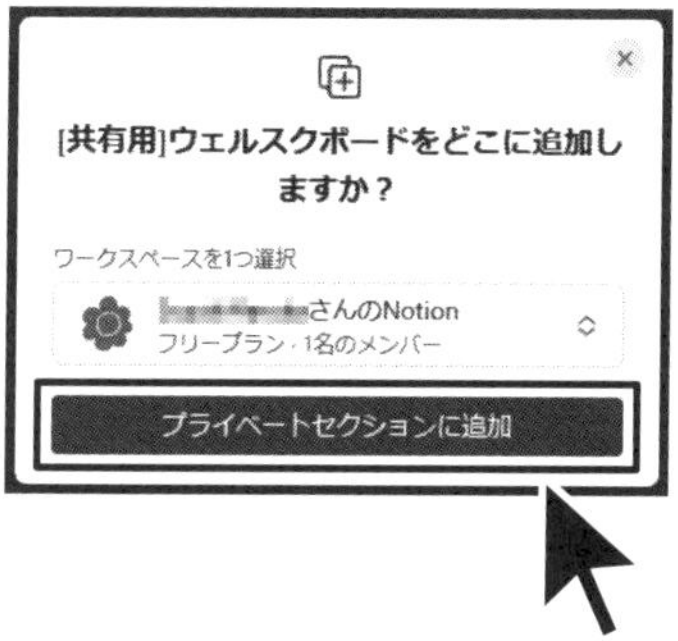

「[共有用] ウェルスクボードをどこに追加しますか？」という確認ウィンドウが表示されたら、[プライベートセクションに追加] をクリックします。これで、ウェルスクのテンプレートがご自身の Notion に追加されます。

人生計画書を作る

① 人生目的を修正する

人生目的
ポジティブな感情：愛と喜び、祝いと感謝に満ちた日々を送る
感謝の日記を66日続ける
没頭：心から望む活動に没頭し、価値ある作品を作り続けている
情熱を持って取り組める仕事を年に1つ以上
関係：家族を大切にし、笑顔にあふれた日々を過ごしている
毎日家族と一緒に過ごす時間を確保する
意義：共同体に貢献しながら充実した日々を過ごしている
毎日共同体に貢献する
達成：夢に挑戦し達成感を味わっている
作品に救われたと感謝の手紙を受け取る
身体的健康：引き締まった活動的で健康な身体を維持して活力に満ちている
毎朝、友人と自宅のコートでテニス
マインドセット：ポジティブで好奇心旺盛に常に成長を実感している
日々の学びを毎日アウトプットする
職場環境：自然に囲まれ、潜在能力を最大限に発揮し、自由を味わっている
自然豊かな場所でフルリモート
経済的安定：経済的な自由を達成し、心から余暇と娯楽を楽しんでいる
クルーズ飛鳥で世界一周

例として、90ページで紹介した人生目的をテンプレートに記入しています。［ポジティブな感情］をクリックして、あなたの人生目的に書き換えていきましょう。

② 人生目的と人生ゴールを記入する

まず、「ポジティブな感情：」の後ろのテキストを削除し、101 ページで考えたあなたの「人生目的」を記入してください。
続いて、「🎯」の後ろに「人生ゴール」を記入します。

③ 人生目的をイメージできるカバー画像に変更する

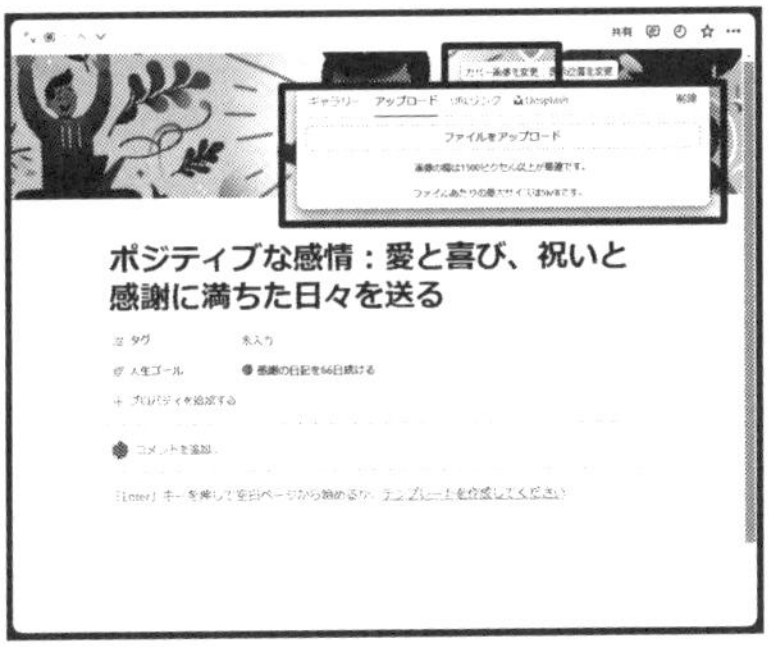

次に、人生目的に対するゴールのイメージ画像（＝ビジョン）にカバー画像を変更します。ビジョンを毎日目にすることでモチベーションが上がるので、必ず変更してください。
現在の画像の上にカーソルを置くと、右上に［カバー画像を変更］と出てくるのでクリックします。［アップロード］または［URL リンク］からビジョンをアップロードしてください。

④ 残りの人生目的と人生ゴールも記入する

同様に、9つのカテゴリーの人生目的と人生ゴールを記入したら完了です。

やりたいことリストを作る

① アイデアメモを活用する

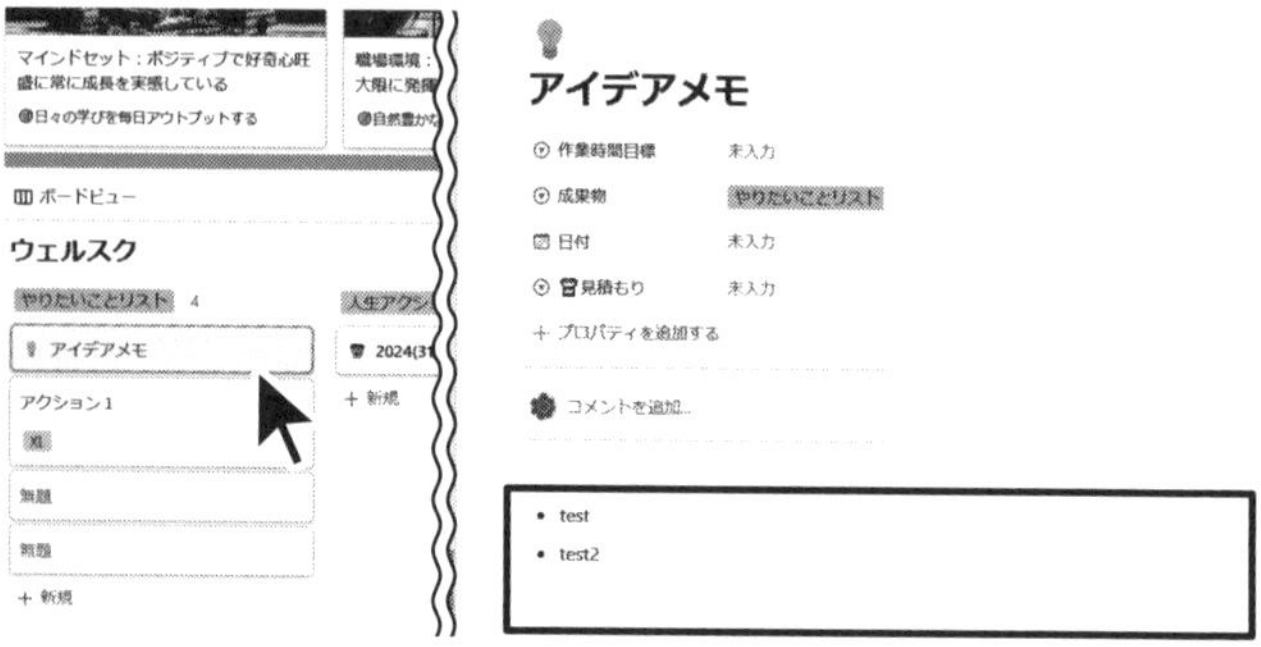

【やりたいことリスト】の［💡アイデアメモ］をクリックすると上の画面になります。

図中の枠内（□）をクリックすると文字を入力できるので、思いついたことは適宜ここに書き出しましょう。メモ帳などに書いたアイデアは、その日のうちにここに追加しておくと便利です。

② やりたいことを変更する

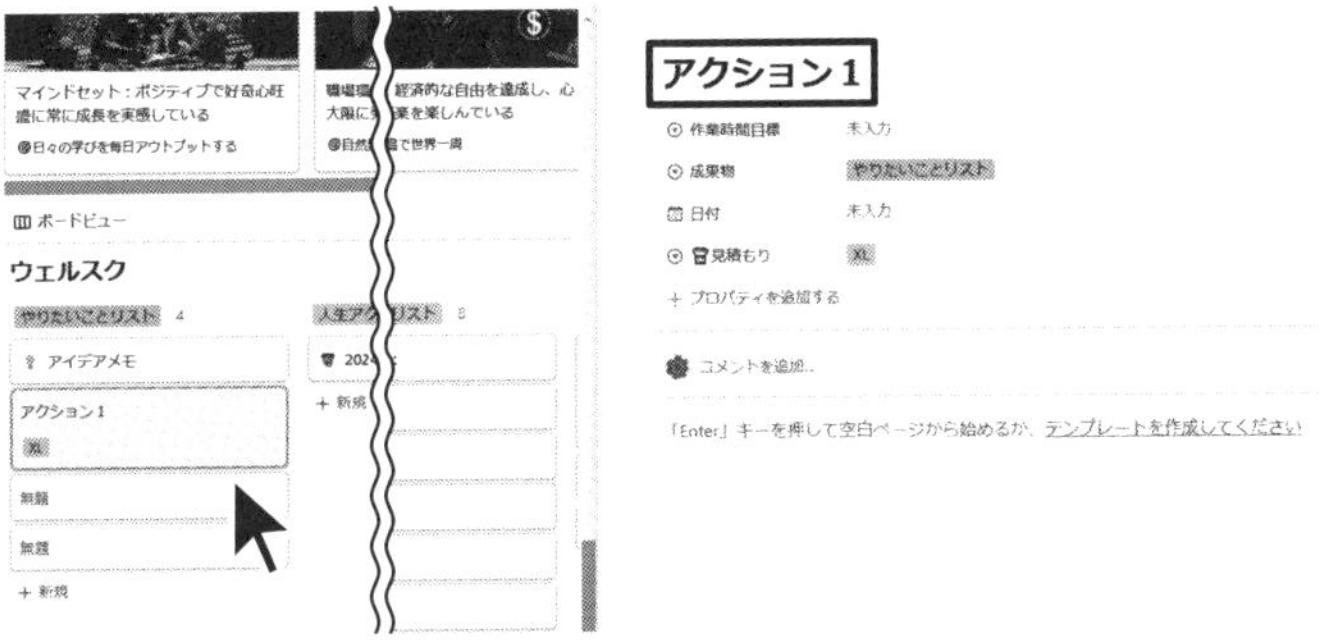

［アクション１］をクリックすると、上の画面になります。

「アクション１」というテキストを削除し、ここに106ページで考えたあなたのやりたいことを記入してください。実行条件のあるやりたいことは、IF-THENの形で入れておきましょう。

③ Tシャツ見積もりを変更する

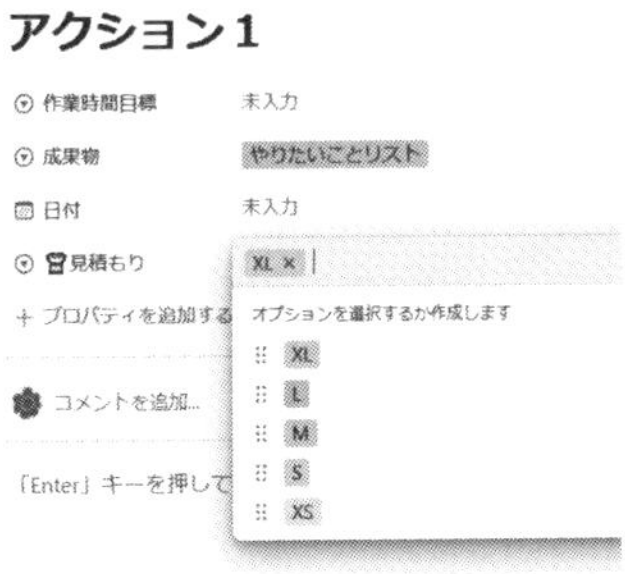

次に緊急度と重要度から見積もった「Tシャツのサイズ」を追加します。［XL］をクリックすると上の画面になるので、XS～XLから選んでください。XXSとXXLで見積もったアクションがある方は、［×］をクリックして削除し、「XXL」と入力して追加できます。

④ やりたいことを追加する

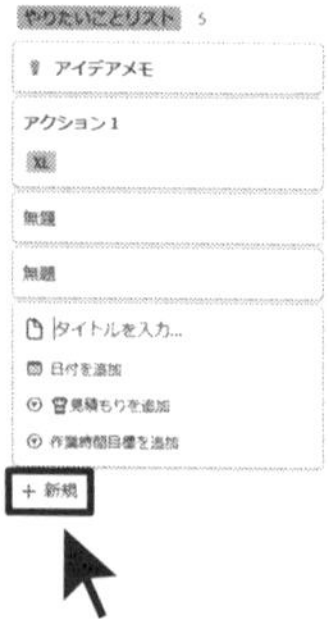

［＋新規］をクリックすると、上の画面になります。「タイトルを入力」の欄にやりたいことを記入し、Tシャツのサイズを選択し、やりたいことをどんどん増やしていってください。

人生アクションリストを作る

① 現在の年齢を記入する

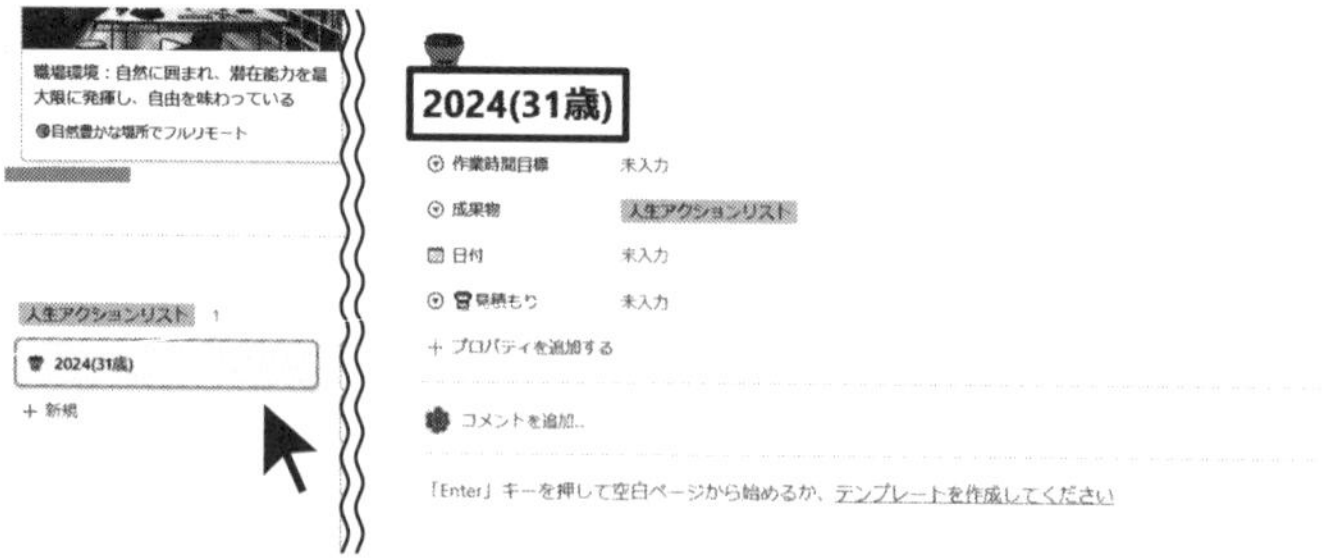

ウェルスクの【人生アクションリスト】の［2024（31歳）］をクリックします。現在の年号とあなたの年齢に書き換えてください。

② 翌年～5年後とその年齢を追加する

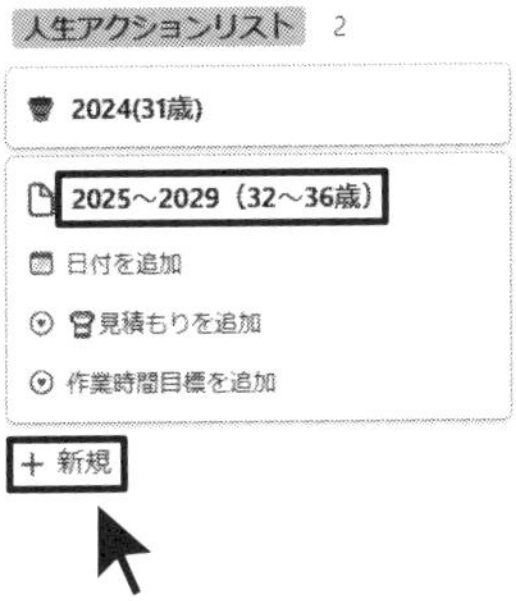

［＋新規］をクリックすると、新しく作成できます。「タイトルを入力」の欄に翌年～5年後の西暦と年齢を記入します。例として、「2025～2029（32～36歳）」と記入しました。

③ アイコンを入れる

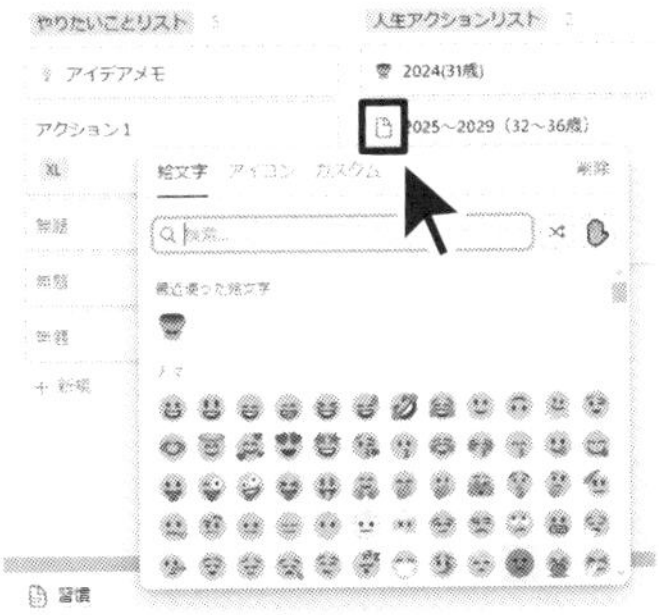

年代と年齢の左端（図中□）をクリックし、アイコンを選択します。私は「バケツ」にしていますが、好きなアイコンを選んでください。一度設定した後でも変更は可能です。
同様の手順で5年後、10年後、15年後……と増やしましょう。

④ やりたいことリストから、アクションを移動する

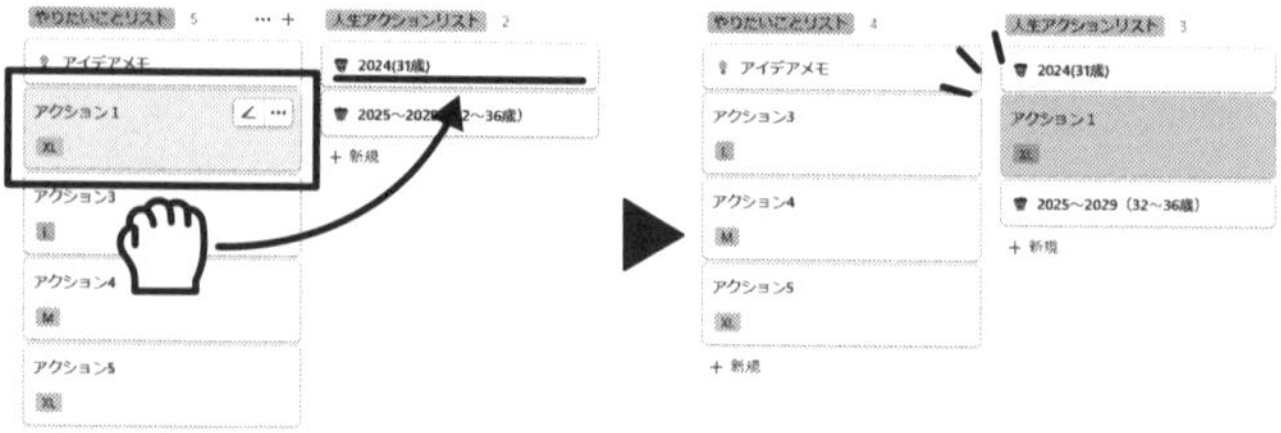

【やりたいことリスト】の［アクション1］を、【人生アクションリスト】の［2024］に移動させるとします。［アクション1］をドラッグ＆ドロップして、［2024］の下に移動させます。

⑤ 作業時間を見積もる

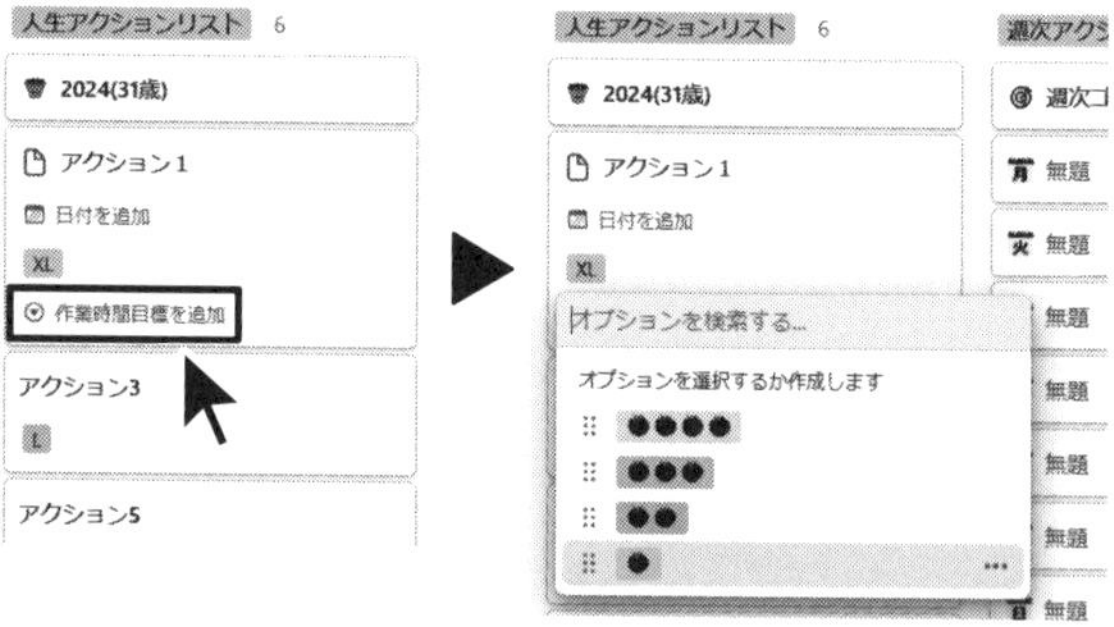

［アクション1］の右上にある［編集］をクリックすると、上の画面になります。［作業時間目標を追加］をクリックし、1つあたり15分と換算し、最大で作業時間を見積もります。このとき、1時間以上かかるものは、1時間以内のアクションになるよう作業を細分化してください。［＋新規］をクリックして具体的なアクションの内容・作業時間目標・Tシャツ見積もりを追加します。
同様の手順で、やりたいことリストの項目をすべて人生アクションリストの各年代に割り振りましょう。

週次アクションリストを作る

① 人生アクションリストから「週次ゴール」を決める

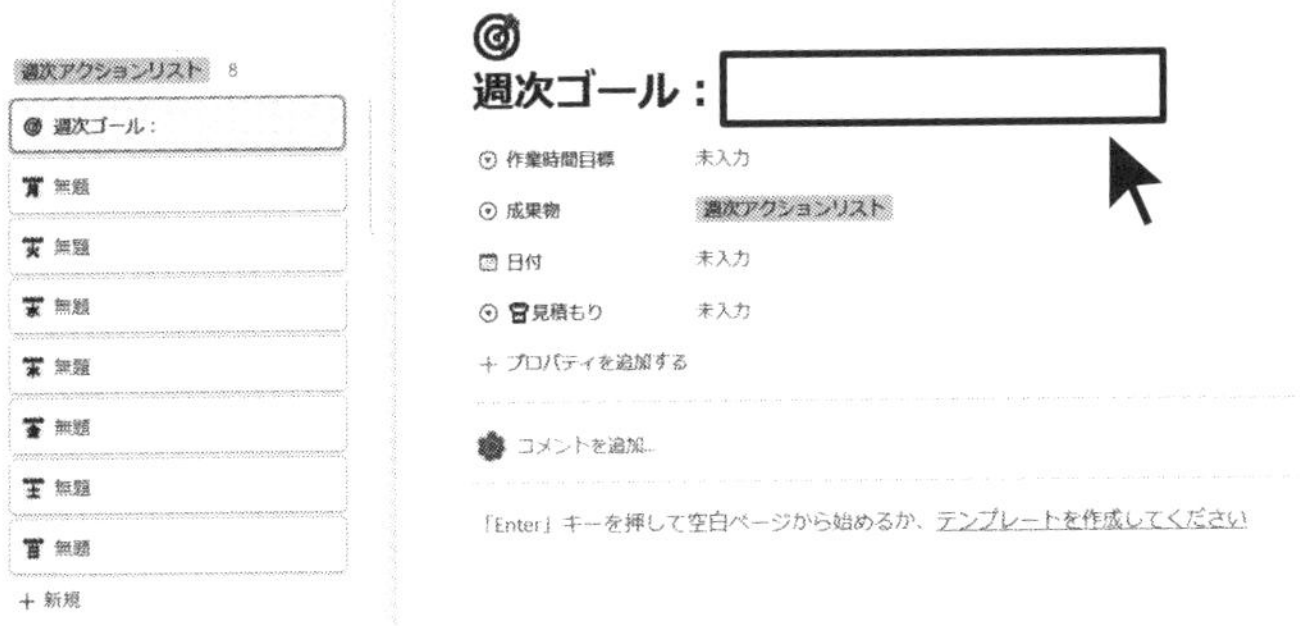

1週間を通して達成したいことを、[🎯週次ゴール：] の後ろをクリックして記入します。

② 人生アクションリストから各曜日でやることを決める

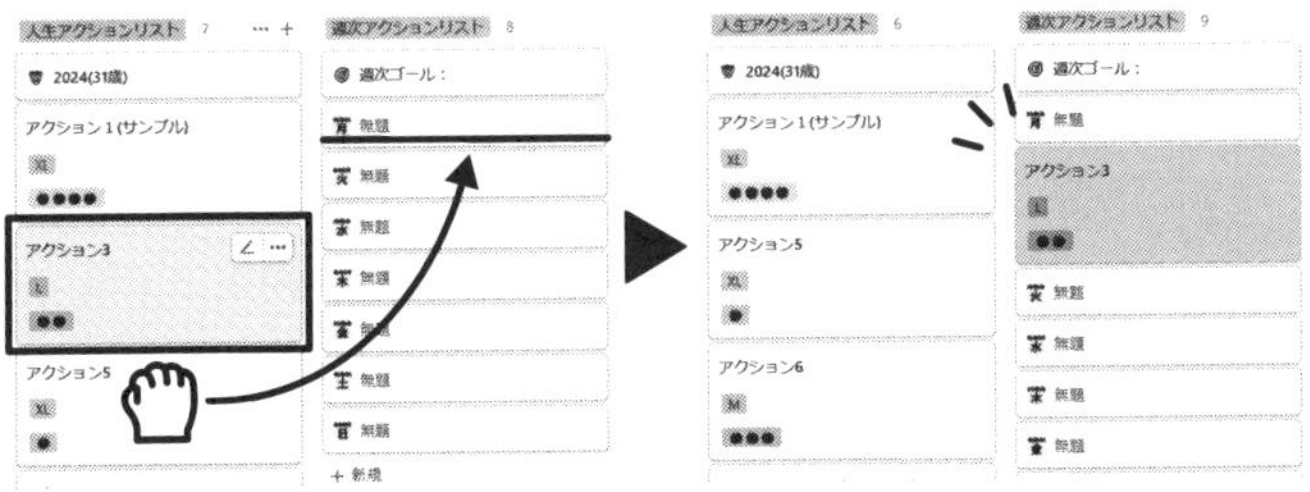

【人生アクションリスト】の項目から、各曜日で達成したいことを【週次アクションリスト】の曜日アイコンの下に、ドラッグ&ドロップで移動させます。

月～日曜日まで、同じように移動させてください。

③「日次ゴール」を決める

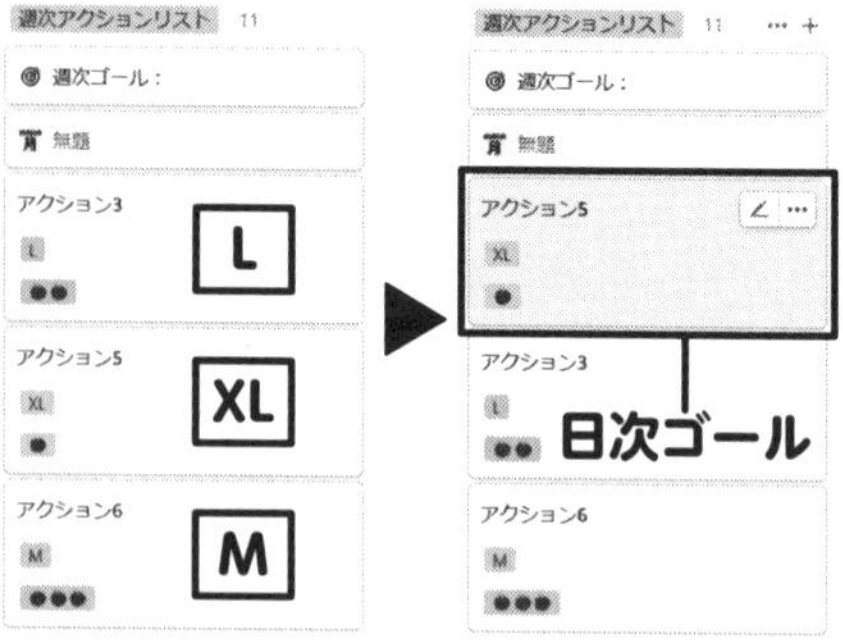

各曜日に移動させたアクションを「Tシャツ見積もり」の大きさ順に並べ替えます。Tシャツのサイズが一番大きいものが、各曜日のアクションの中で最も重要な「日次ゴール」です。

日次アクションリストと習慣を実行する

①アクションを日次アクションリストに移動する

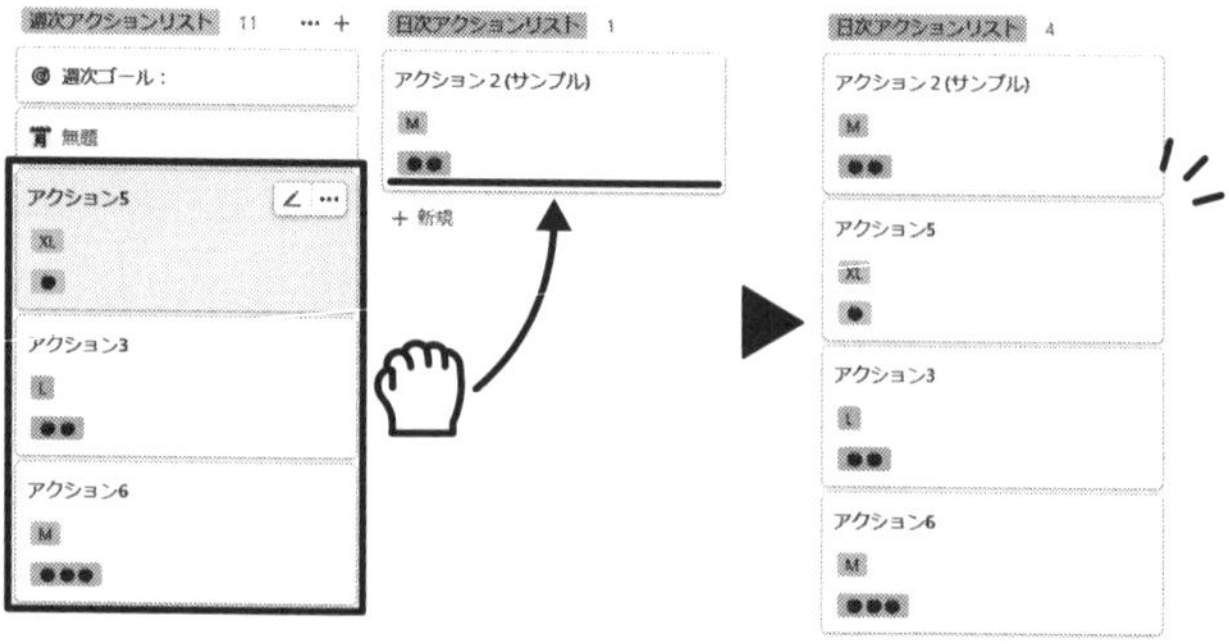

作業する今日が月曜日と仮定して説明します。【週次アクションリスト】の［月曜日］にあるアクションを1つずつ【日次アクションリ

スト】に移動します。優先度に変更があれば、優先度が高い順にアクションを並び替え、リストの一番上が日次ゴールになるようにします。アクションの移動が完了したら、このリストに沿って上から順にアクションを実行しましょう。すると次に何をすべきかを迷うことなく、効率的に作業を進めることができます。

［アクション２（サンプル）］は慣れてきたら削除して構いません。

② 毎日行うことを習慣リストに記入する

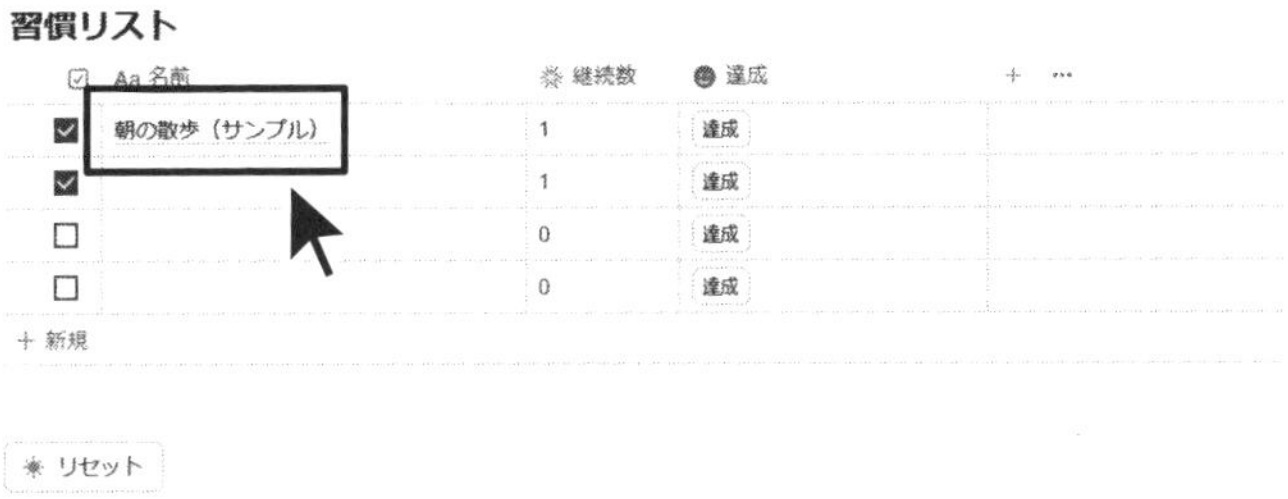

習慣や習慣にしたいことは、【習慣リスト】に記入します。例として［朝の散歩（サンプル）］を入れています。テキストをクリックして書き換えてください。
習慣が４つ以上になる場合、［＋新規］で追加してください。

③ 継続数をカウントする

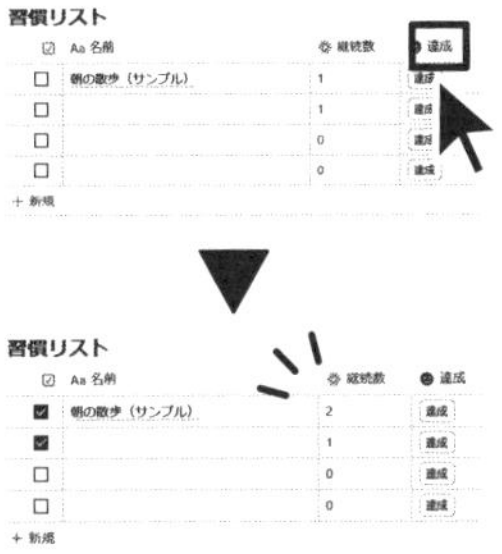

習慣を実行したら継続数をカウントします。[朝の散歩]を実行できたら、各項目の［達成］をクリックするとチェックボックスが点灯し、[継続数］がカウントされます。

④ 継続数を修正する

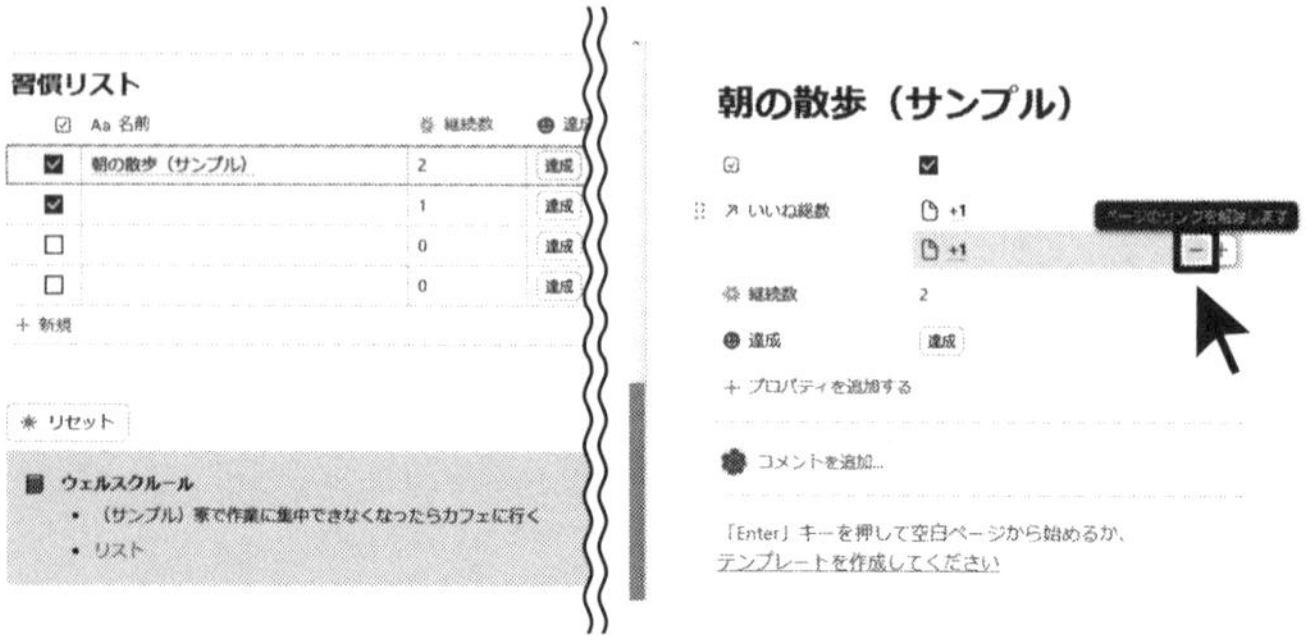

間違えて［達成］をカウントしてしまったときは、次の手順で修正できます。

まず［朝の散歩（サンプル)］の横にある［サイドピークを開く］をクリックします。上の画面が表示されたら、[いいね総数］の「－」をクリックすると継続数を減らせます。

左下の［リセット］をクリックすると、チェックボックスがすべてリセットされます。

⑤ 習慣を削除する

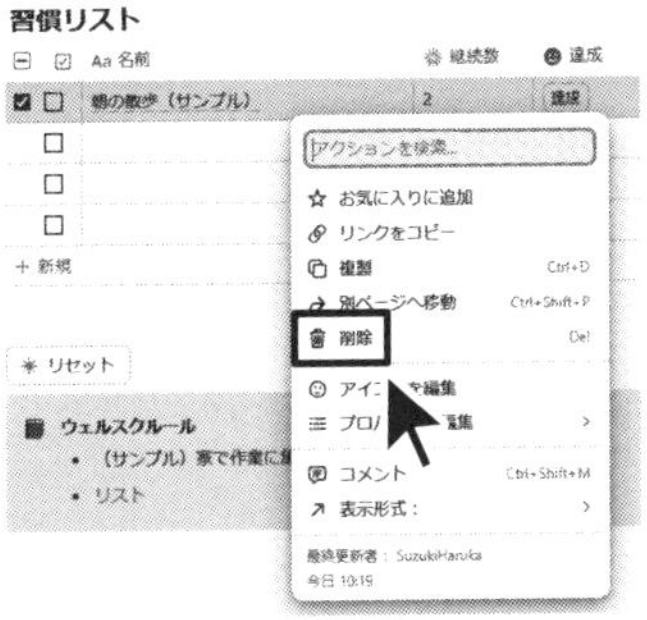

継続数を0からやり直したいときは、項目を右クリックし［削除］し、新しく同じ項目を作成します。習慣をやめたいときも同様の手順で［削除］しましょう。

達成学びリストを作る

① 週の区切りの日付を変更・追加する

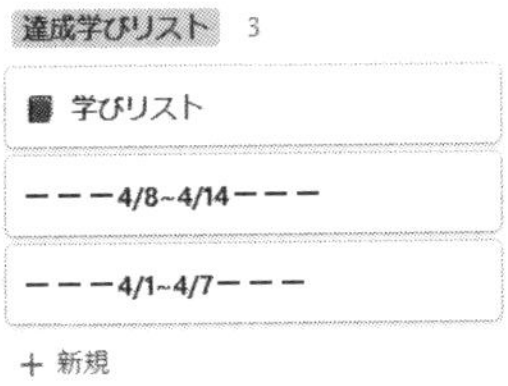

達成したアクションは、1週間ごとに区切ってどんどん追加していきます。【達成学びリスト】の日付の項目を編集し、ウェルスクを行った週に変更してください。週の区切りは［＋新規］から追加しましょう。

② 日次アクションリストから移動する

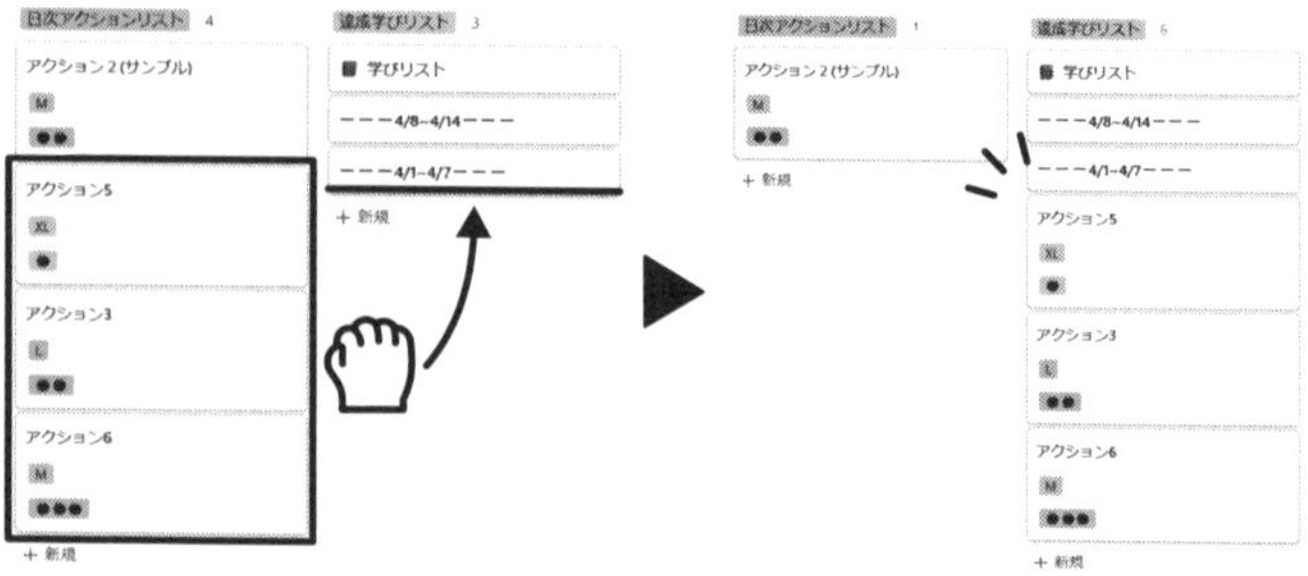

作業が完了したすべてのアクションは、翌朝までに【日次アクションリスト】から［週の区切り］の下にドラッグ&ドロップで移動します。実行できなかったアクションは、【やりたいことリスト】に戻しましょう。

③「学びリスト」を作る

週次振り返りを行う「学びリスト」は【達成学びリスト】の中にあります。学びリストを列として独立させないのは、ウェルスク全体を横スクロールなしで見やすくするためです。これ以上列を増やすと、他の計画書の列を操作する際に横スクロールが必要になり、不便になります。

［学びリスト］をクリックし、KPT フォーマットにしたがって記入しましょう。［KPT 追加］をクリックすると、項目を増やすことができます。

④ルールを記入する

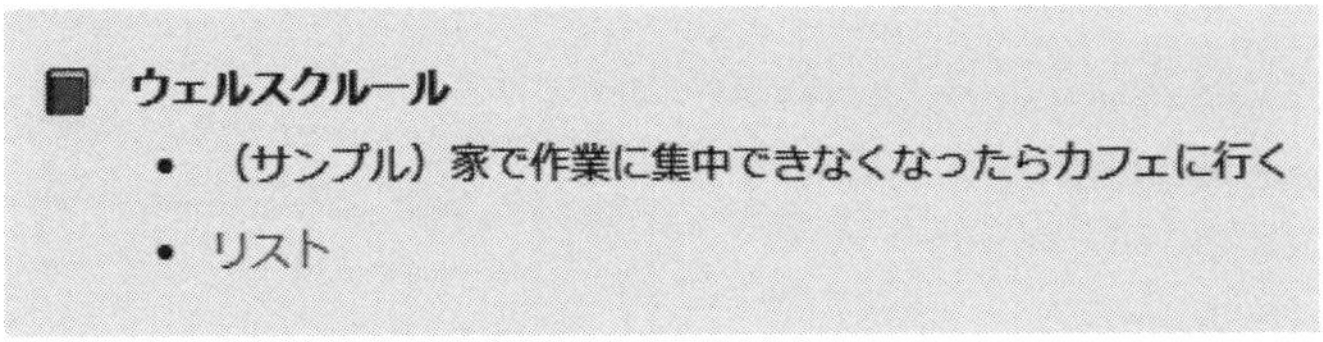

「週次振り返り」をして洗い出した改善策を【習慣リスト】の下にある【ウェルスクルール】に記入します。例として「(サンプル) 家で作業に集中できなくなったらカフェに行く」と入れています。ウェルスクが実施しやすくなる、あなたなりのルールを設けてみましょう。

ウェルスクの使用方法に困ったら

ウェルスクを実施する中で不明点や疑問点があった際の助けになる、AI（ChatGPT GPTs）を作成しました。本書の内容を学習させてあるため、お困りの際はぜひ相談してみてください。アクションの細分化やビジョン画像の生成も可能です。
※ご利用にはChatGPTのアカウントが必要です

https://chatgpt.com/g/g-L43lEs7tE-ueruhiinkusukuramusahota

ウェルスクを活用する　1.ポモドーロタイマー

日次アクションを実行する際、テンプレートのダッシュボードの一番上にセットした「ポモドーロタイマー」と「BGM」をぜひ活用してください。

■使用しているポモドーロタイマーツール
https://pomofocus.io

① アクション開始の際に「ポモドーロタイマー」を起動する

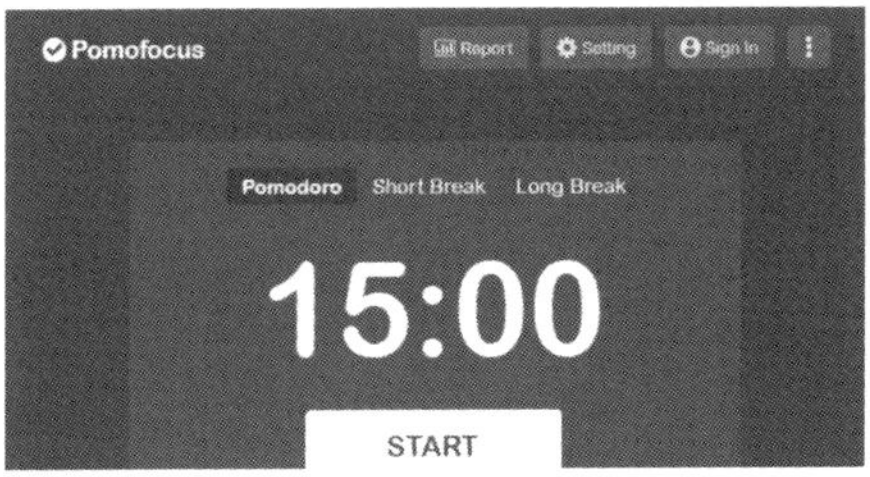

アクションを=15分で見積もりました。アクションを始めるときは、必ず［START］をクリックしてください。15分経過すると、アラームが鳴ります。

② 15分作業したら、5分休憩する

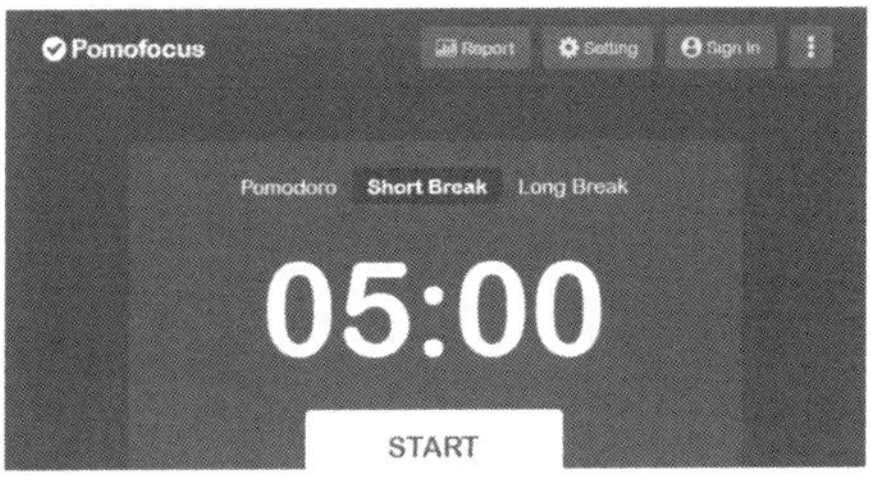

ポモドーロ・テクニックに従い、15分作業をしたら「5分間の休憩」を挟んでください。［Short Break］に切り替えて、［START］をクリックします。

③ 15分作業を4回行ったら、15分休憩する

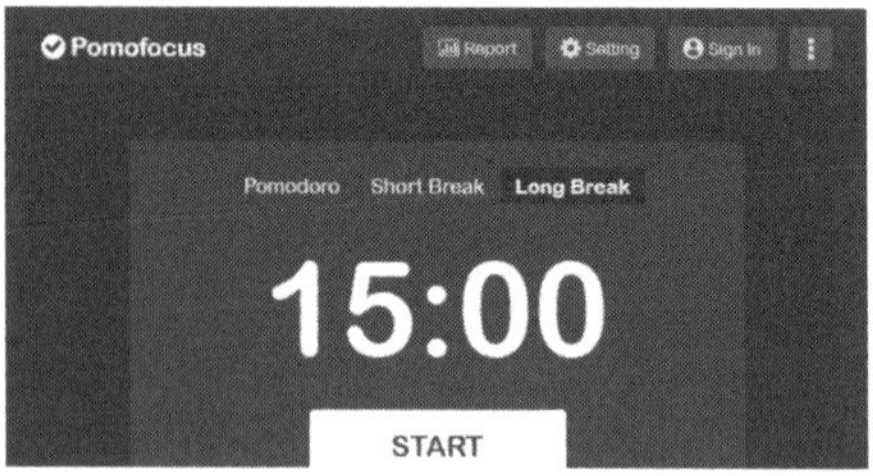

15 分の作業を 4 回行ったら、少し長めに 15 分間の休憩をとります。[Long Break] に切り替えて、[START] をクリックしてください。

④ 設定を変更したいとき

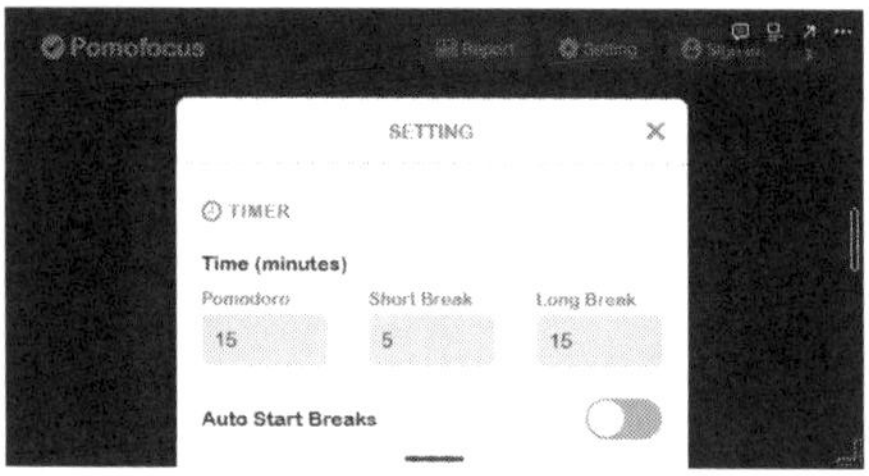

作業時間を 15 分から変更したいときは、[Setting] をクリックして「Time」を変更してください。スクロールすると、アラームの音量や色の変更などもできます。一番下までスクロールして [OK] をクリックすると設定が変更されます。

⑤ ダッシュボードのサイズを変更する

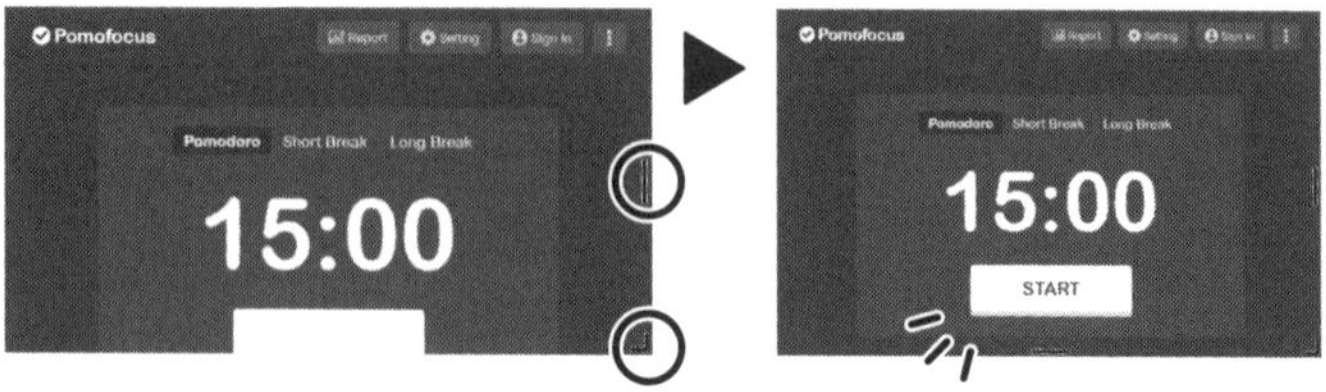

埋め込んだコンテンツは、そのコンテンツにマウスオーバー（マウスカーソルを対象に重ねる)すると､黒い囲み線が表示されます。その囲み線をドラック & ドロップすることで､埋め込んだコンテンツの表示領域を調整できます。

ウェルスクを活用する　2.BGM

次に、周りがうるさくても作業に集中できる環境音の BGM の活用方法を紹介します。ノイズキャンセリング機能があるイヤホンを使用すると、より集中できるのでおすすめです。

■使用している BGM ツール　https://asoftmurmur.com/

① BGMを流す

［▶］をクリックすると、環境音が流れます。

② BGMを調整する

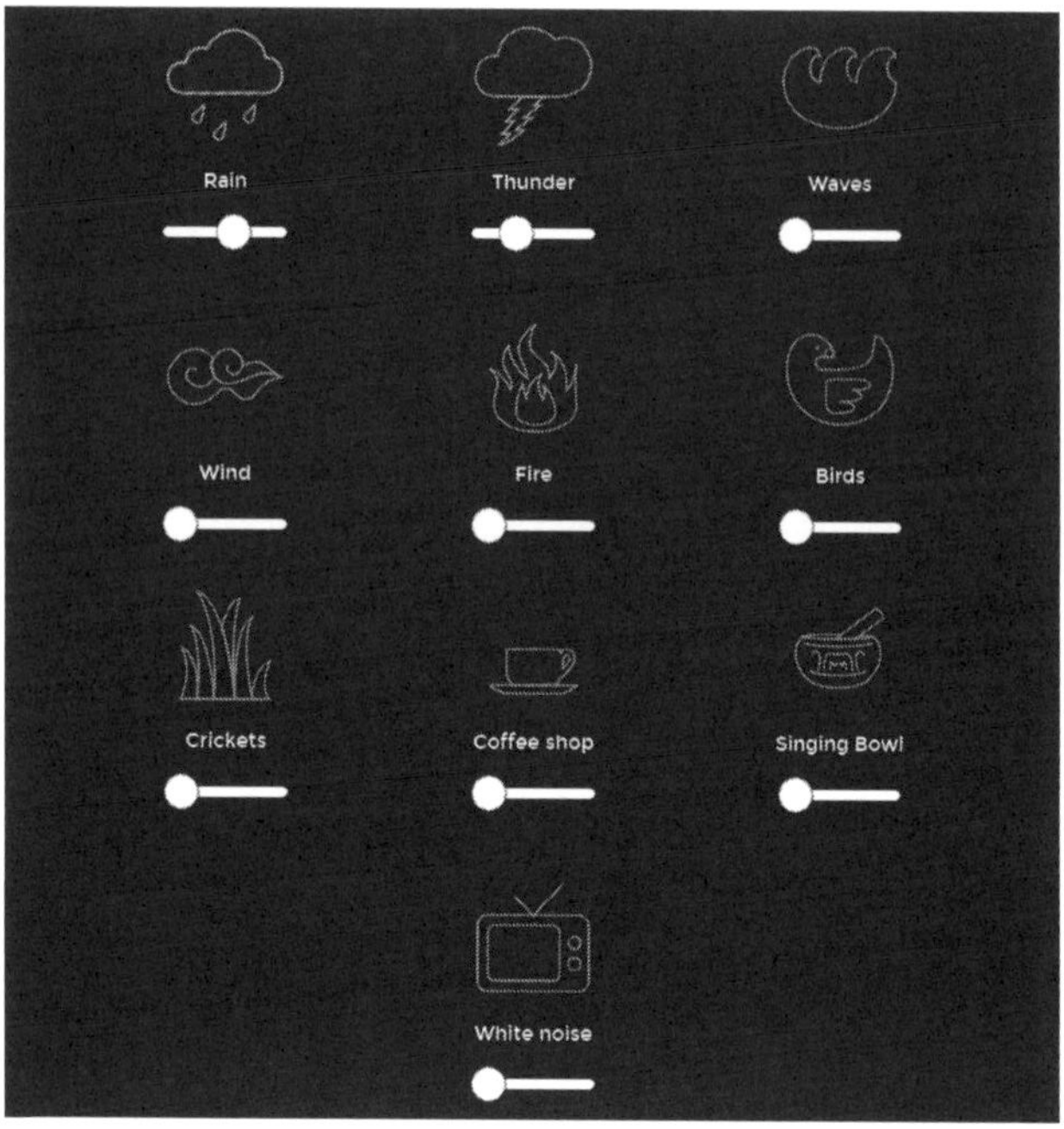

雨音や鳥の鳴き声、カフェ、ホワイトノイズといった環境音を細かく調整できます。上の画像では、「雨音と小さめの雷鳴」に設定しています。画面をスクロールして、バーを調整して自分が集中しやすい音を作ってみてください。

③ タイマー機能を設定する

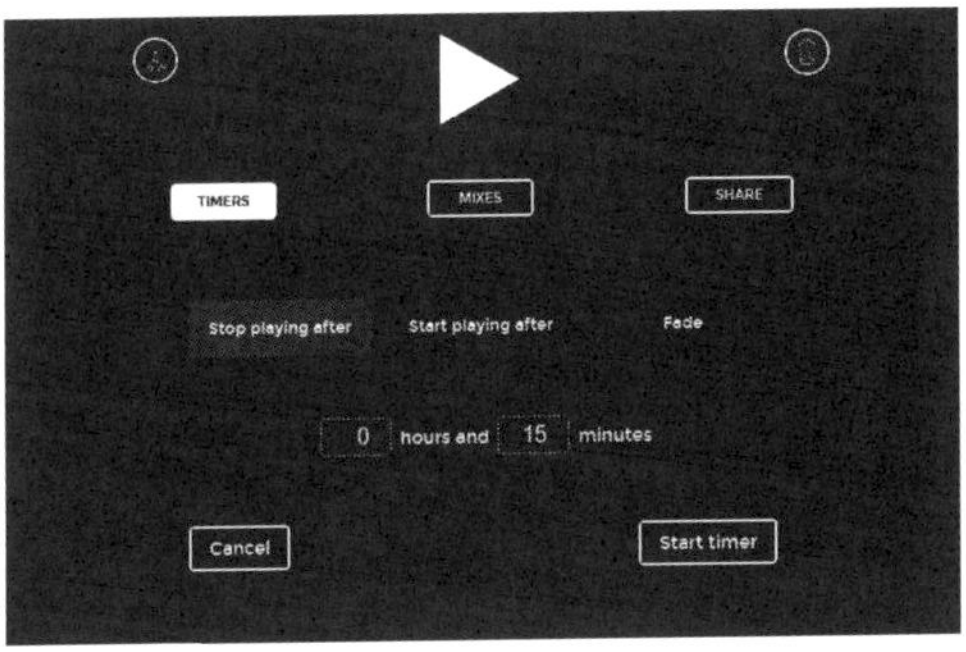

［TIMERS］をクリックし、「Stop playing after」で時間を設定すると、設定した時間が経過するとBGMが止まります。ポモドーロタイマーの音が苦手な人は、こちらの使用をおすすめします。

カスタマイズのヒント

ウェルスクを実現する、最適なツールはNotionです。とはいえ、使い慣れた別の方法で実践したい方もいると思います。Notion以外でウェルスクを実現する方法をご紹介します。

ノートや手帳を使う

ノートや手帳を使う場合は、付箋を用いて各アクションを整理します。無地のページを1枚ずつ「計画書」の記入に割り当てて、週次アクションリストは手帳のウィークリーページに付箋を貼ることで代用します。達成したアクションも、付箋を移動することで可視化することができます。

ただし、ノートや手帳でウェルスクを実践する場合、ポモドーロタイマーやBGMは別のツールを使いましょう。

Googleカレンダーを使う

「Googleカレンダー」など、カレンダー（スケジュール）アプリを日常的に使用している人も多いでしょう。これらでもウェルスクを一部ですが実践できます。

Googleカレンダーのタスクに「やりたいことリスト」を作成します。週次アクションデザインの際には、アクションをカレンダーの予定として実行する日に登録します。

アプリ上でタイマー機能などがないため、ポモドーロタイマーなどは別のツールで代用する必要があります。

chapter 10

ウェルビーイングスクラムを最小限で始める方法

“あなたにできることをしなさい。
今あるもので、今いる場所で”

——— セオドア・ルーズベルト

Theodore Roosevelt

ウェルスクのやり方は「人それぞれ」でいい

私が実際に使用し、改善してきたウェルスクの仕組みをこれまで解説してきました。

しかし、これを見て「こんなに全部やってられないよ」「複雑すぎてよくわからない」と感じる方もいらっしゃるかもしれません。ここで紹介したのはあくまで私に最適化したウェルスクの〝一例〟であり、「正解」ではありません。

ウェルスクの本質は、自己を動かす仕組みを変えることで持続的な幸福を実現すること。そして、ウェルスクは自分の成長に合わせて仕組みもアップデートさせることが意図されています。


本chapterでは、ウェルスクを最小限の仕組みから始め、自分の成長に合わせて徐々に進化させる流れ（左図）を紹介します。この流れは、実際に知人のKさんにウェルスクを

ウェルスクを最小限から始めるステップ

1. 日次ゴール
2. ポモドーロ・テクニック
3. やりたいことリスト
4. 優先順位づけ
5. 人生計画書
6. 人生アクションリスト
7. 週次アクションリスト
8. 作業時間の見積もり
9. IF-THENプランニング
10. 週次振り返り
11. 週次アクションデザイン
12. 人生アクションデザイン
13. 人生デザイン

導入してもらった例をもとにしています。

Kさんは29歳の女性で、大企業に新卒入社して7年が経ったプロパー社員。社内での出世を目指しながらも、結婚と育児を考えキャリアに悩んでいます。会社では副業が認められているため、将来の独立も視野に入れて副業にも挑戦したいと考えています。このような本業・プライベート・副業という多岐にわたるアクションの管理にウェルスクを導入しました。

Kさんの実践例と、実践したことで見えてきた課題とその解決策を知り、あなたが導入する際の参考にしてください。

ウェルスクをステップバイステップで拡張する方法【実践編】

①日次ゴールの導入

ウェルスクの最小限の導入ステップは「日次ゴール」を設定することです。今日最も重要なアクションを決めて、家族や友人、SNS上で宣言しましょう。

ただしこれができるのは、〝自分の中で重要なことがなんとなくわかっている人〟です。日次ゴールがまったく思い浮かばないという方は、最初に「人生計画書」を作成しましょう。

毎日、明確なゴールを設定することで、締め切り効果を実感できるようになります。集中力が高まり、重要なアクションを優先して取り組む習慣が身につきます。

Kさんの実践例

Kさんは日次ゴールとして、本業の「新規事業のアイデアを10個考えて提出する」ことを設定しました。

その日のスケジュールを見直し、不要な会議を削除し、日次ゴールに集中的に取り組みます。出社してすぐに始め、定時前ギリギリに日次ゴールを達成することができました。1週間はかかるだろうと思っていた仕事が1日で終わり、本人も驚いています。

②ポモドーロ・テクニックの導入

日次ゴールを設定しても、集中力が続かずアクションを達成できないことがあります。そこで、「ポモドーロ・テクニック」を導入します。これは、15分の作業＋5分休憩を一つのサイクルとし、これを4回繰り返したら長めの休憩を取る方法です。**短い活動に分けることで集中力を維持しやすくなり、効率的に作業が進められます。**日次ゴールの達成が容易になり、毎日の作業にリズムが生まれます。

Kさんの実践例

Kさんはポモドーロ・テクニックを導入し、今までなんとなく作業の合間に開いていた社内のチャットツールを開くことがなくなり、生産性の向上を実感します。特に15分の制限時間ギリギリに駆け込むようにアクションを終わらせ、15分でできる仕事量に驚きました。

③やりたいことリストの導入

実践するうちに、日次ゴールを毎日、一から考えるのが負担に感じるようになります。そこで、**日次ゴールのストックとなる「やりたいことリスト」を作成し、日々のゴール設定をスムーズにします**。ノートに自分がやりたいことをすべて書き出し、リスト化した中から、日次ゴールとして設定するアクションを選びます。これにより、毎日新しい日次ゴールを考える負担が減り、計画的にタスクを進めることができます。選んだアクションは、ポモドーロ・テクニックを活用して効率的に実行します。

Kさんの実践例

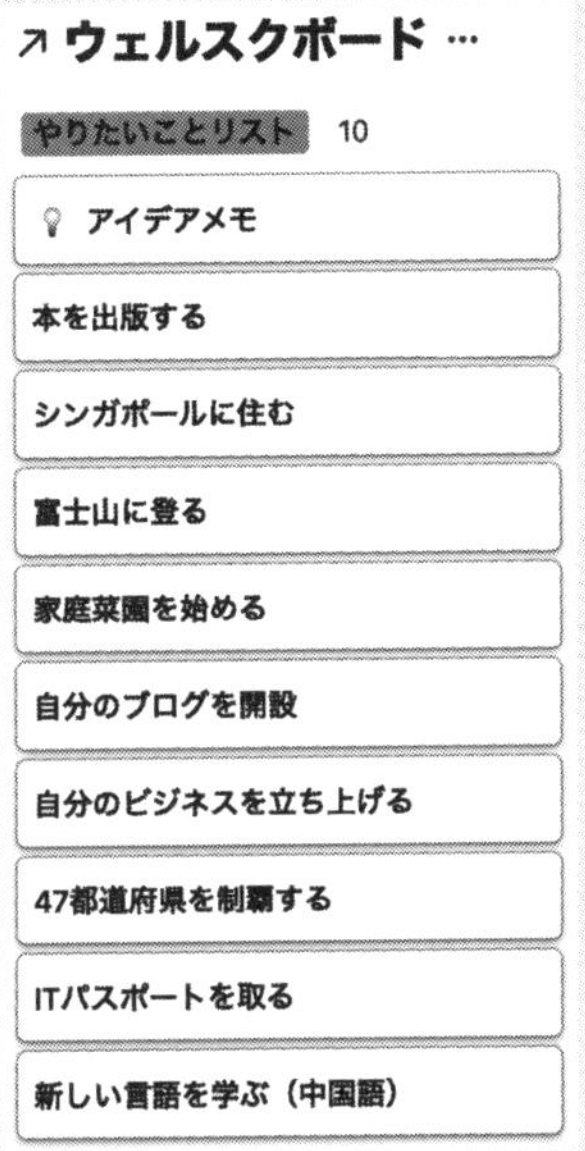

Kさんは、やりたいことを思いつくままに20個ほど書き出したところで、手が止まってしまいました。そこで本書の質問（106ページ）に答えながらリストを見直していくと、やりたいことが最終的に100個を超えました。

そのプロセスで、Kさんは「そういえば、自分はこんなことがやりたかったんだ」と、これまで忘れていた願望を次々と思い出し、驚きと喜びを感じました。これがKさんのモチベーションを高める結果となりました。

④優先順位づけの導入

やりたいことリストの中から、自分が簡単に達成できそうなことばかりを日次ゴールに設定し、本当に重要なアクションを避けてしまうことが課題に挙がるかもしれません。

本当に重要なアクションを優先的に実行するために、やりたいことリストに記載されたアクションの優先順位を決めます。アイゼンハワー・マトリクスを用いて「緊急度」と「重要度」で評価し、Tシャツ見積もりでラベル（XS~XXL）をつけるのです。優先順位を明確にしたリストをもとに、優先度の高いものから順に日次ゴールを設定します。

これにより、感覚的に重要なアクションがわかり、日々の計画においても重要なアクションから取り組むことができます。

Kさんの実践例

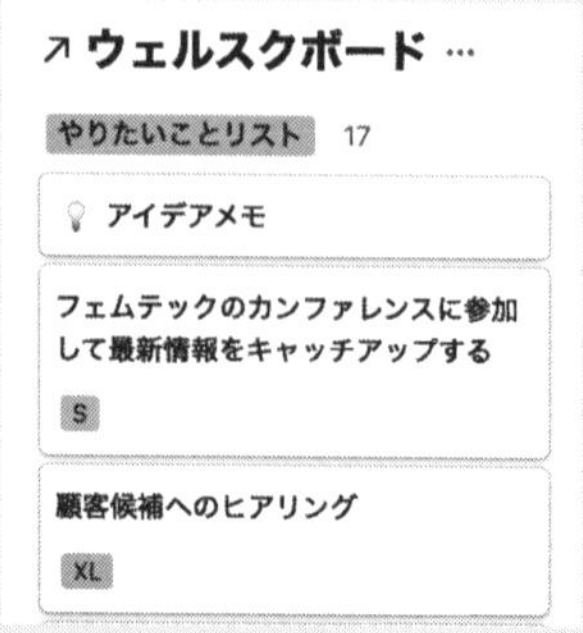

やりたいことリストの項目に優先順位をつけたことで、Kさんは自分のやりたいアクション（フェムテックのカンファレンスに参加して最新情報をキャッチアップする）の優先順位が低いことに気づきました。その一方で、重要かつ早急に進めなければならないアクション（顧客候補へのヒアリング）に気づき、それを優先して進めることができました。優先度の高い仕事

から進められたことで、仕事の効率が大幅に向上しました。

⑤人生計画書の導入

何が「本当に重要か」を判断する基準が曖昧で判断できなかったり、他者の意見に流され、自分にとって実は「緊急で重要ではない」アクションばかりを優先してしまう場合があります。

その場合、**自分の時間を犠牲にせず、重要度を正しく評価するための指針として「人生計画書」を作成しましょう**。人生目的、人生ゴール、ビジョンを設定することで、自分の長期的な目標や価値観を明確にし、それに基づいて重要なアクションを判断できるようになります。

優先順位をつける際の迷いが減り、不要な項目を削除しやすくなります。

Kさんの実践例

Kさんは人生計画書を導入し、本業で権限のあるリーダー的な立場を目指すこと、副業を始めること、望む結婚生活を言語化することができました。

また、自分の軸として「向上心のある働く女性を支援したい」という明確な人生目的があることにも気づきました。実現するための人生ゴールを「同じ思いを持つ人たちとビジネスを立ち上げる」に設定しました。

その結果、周りの人が推奨していたからなんとなくリストに入れ続けていた「異業種交流会に参加する」という項目を、やりたいことリストから削除しました。

このプロセスを通じて、Kさんは自身の本当に大切にしたい目的と価値観を再確認し、より効果的な行動計画を立てることができました。

⑥人生アクションリストの導入

「やりたいことリスト」にあるすべての項目に優先順位をつけるのは大変です。そこで、やりたいことリストの項目を「今年やること」と「今後5年以内にやること」など、期限で区切って整理します（＝人生アクションリスト）。すると、短期的に取り組むべきタスクと長期的に取り組むべきタスクを区別できるのです。

まず、今年のゴールを決めて、年間を通じて集中すべきアクションを明確にしましょう。

次に、5年後、10年後といった長期的な目標も設定し、それぞれの期限に分けてアクションを割り振ります。この段階では、あくまで大まかなスケジュールを立てることが目的です。やりたいことリストが〝今年中にやりたいことリスト〟として整理され、見やすくなります。

Kさんの実践例

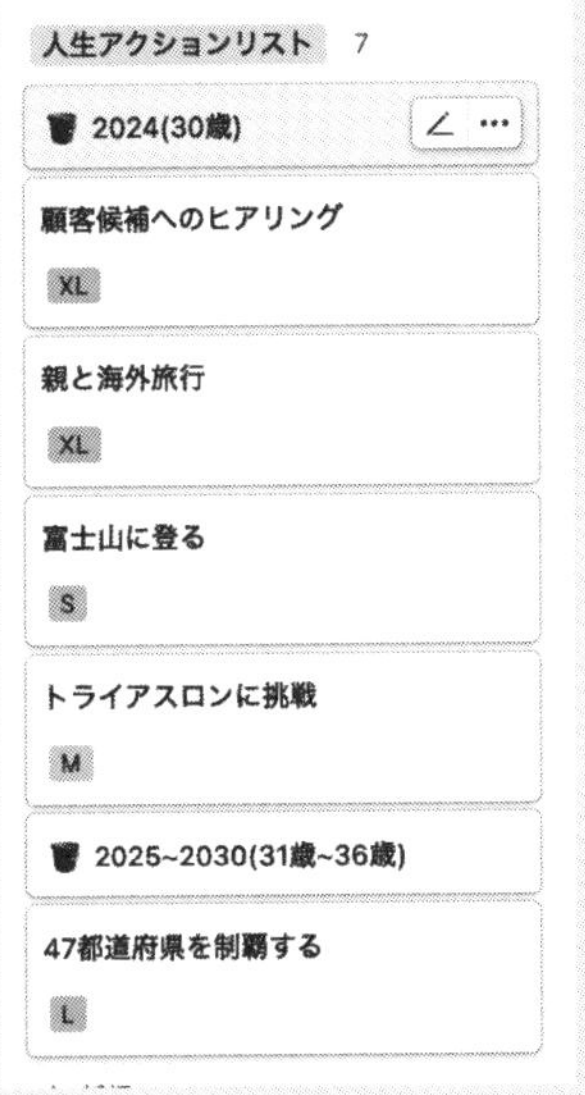

「人生アクションリスト」を導入した結果、自分や親が元気な「今」でなければ実行しづらいことが多いことに気づき、驚きました。例えば、親と海外旅行をすることや、トライアスロンに挑戦することなどです。この発見により、Kさんは優先的にこれらのアクションをスケジュールに組み込み、今すぐに取り組むべきことを明確にすることができました。

このプロセスを通じて、Kさんは自身の目標を達成するための具体的な行動計画を立てられ、より効果的に人生をデザインする手助けとなりました。

⑦週次アクションリストの導入

人生アクションリストを作っても、まだ「やりたいことリスト」の項目が多いときは、年間のゴールから**週次ゴールに絞り込み、それを達成するための具体的なアクションをリスト化して、より実行可能な計画にブラッシュアップします**。

まず、「人生アクションリスト」から今週実現したいこと（週次ゴール）を設定しましょう。これを達成するために必要な工程を逆算し、各曜日に割り当てます。一番重要なアクションを、その曜日のリストの一番上に配置してください。

Kさんの実践例

Kさんは、週次ゴールに副業の「自分の人生経験をもとにした電子書籍の原稿を書き上げること」を設定しました。このゴールを逆算して、1日ごとに実行するアクションの計画を立てました。

■月曜日：企画書を作成

■火曜日：目次を作成
■水曜日：前半の章のキーワードを作成
■木曜日：後半の章のキーワードを作成
■金曜日：キーワードをChatGPTを使って文章化
■土曜日：原稿の作成
■日曜日：文章を校正

この計画により、Kさんは毎日明確なタスクに集中できました。作業の進捗が確認しやすくなり、効率よく原稿を仕上げることができました。

⑧作業時間の見積もり

1日で自分がそのアクションを達成できるかわからないのは、そのアクションにどれだけ時間がかかるのか不明だからです。そのため、**直近2週間で取り組む予定のアクションの作業時間を見積もる**ことが重要です。

そこで、各曜日に割り振ったアクションを1時間以内で終えることができる作業に細分化します。細分化したアクションに、ポモドーロ・テクニックに従い1トマトあたり15分・最大4トマト（1時間分）を割り振ります。

これにより、その日のスケジュールに応じて、少し挑戦的なアクションを割り振ることができます。

Kさんの実践例

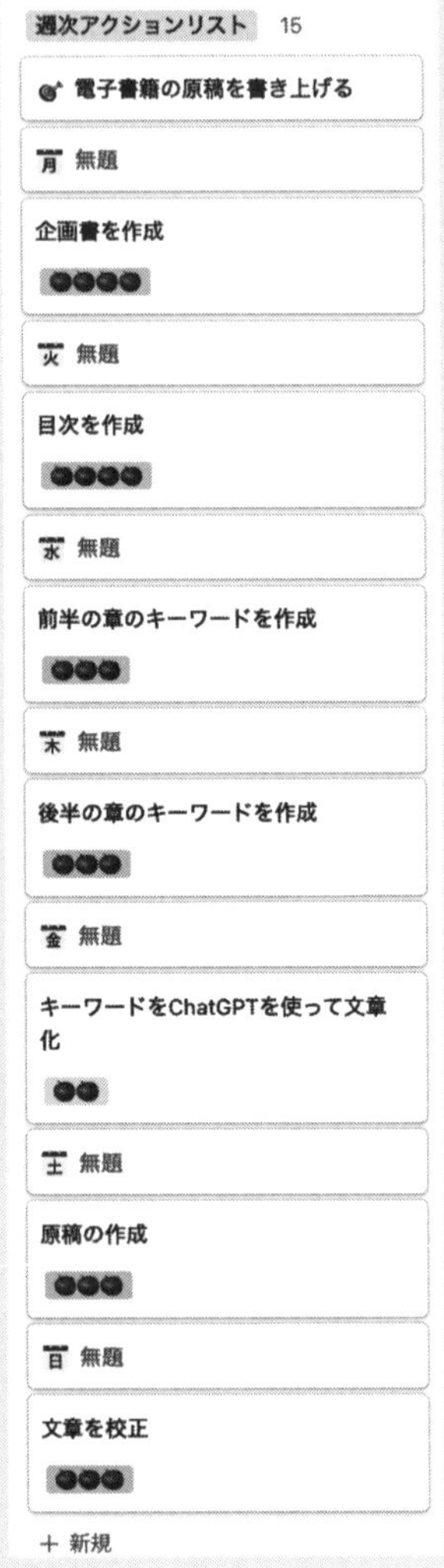

退勤後に原稿執筆を想定していましたが、作業時間を見積もったら時間が不足すると気づきました。そこで、出社前の時間を活用することにしました。リモートワークを申請して、無駄であると感じていた通勤時間を削減し、Kさんは朝の貴重な時間を

執筆に充てることができました。
作業時間の見積もりを行うことで、Kさんは時間管理を最適化し、目標達成に向けた効果的なスケジュールを組むことができました。

⑨IF-THENプランニングの導入

上司の回答が必要な〝自分以外の人が関わる作業〟が完了しないと実行できないアクションといった「実行条件」のあるアクションは、時間を見積もりにくく、優先順位を決めるのが難しいことが課題です。

実行条件のあるアクションは、「IF（条件）THEN（アクション）」の形で記述すると、実行条件を考慮したアクションの割り振りが容易になります。卵を割る前に卵を焼けないように、事前に整理することで取り組む優先順位が決めやすくなるのです。

Kさんの実践例

日次アクションリスト　3

- 新規事業のアイデア10個を考えて提出する
- IF【上司の決裁】THEN【ドメイン取得】
- IF【上司の決裁】THEN【宿泊先の予約】

本業の日次アクション（新規事業のアイデアを10個考えて提出する）を考えていたら、上司の決裁が必要なアクションが複数あることに気づきました。

そこで、これらのアクションをまとめて一つの会議で承認を得ることにしました。このアプローチにより、Kさんは効率的に仕事を進めることができ、無駄な待ち時間を減らすことができました。

⑩週次振り返りの導入

ウェルスクを実施する中で、プランニングの精度が低いと感じたり、仕組みを改善するためのメカニズムが欠けていると気づくでしょう。プランニングの精度を高め、より効果的なアクションプランを作成するためには、定期的な「振り返り」が必要です。

そこで、「週次振り返り」を導入してみましょう。ＫＰＴフォーマット（１５８ページ）に従い、ウェルスクの仕組みを改善していきます。これにより、１週間のサイクルが回り始めます。

Kさんの実践例

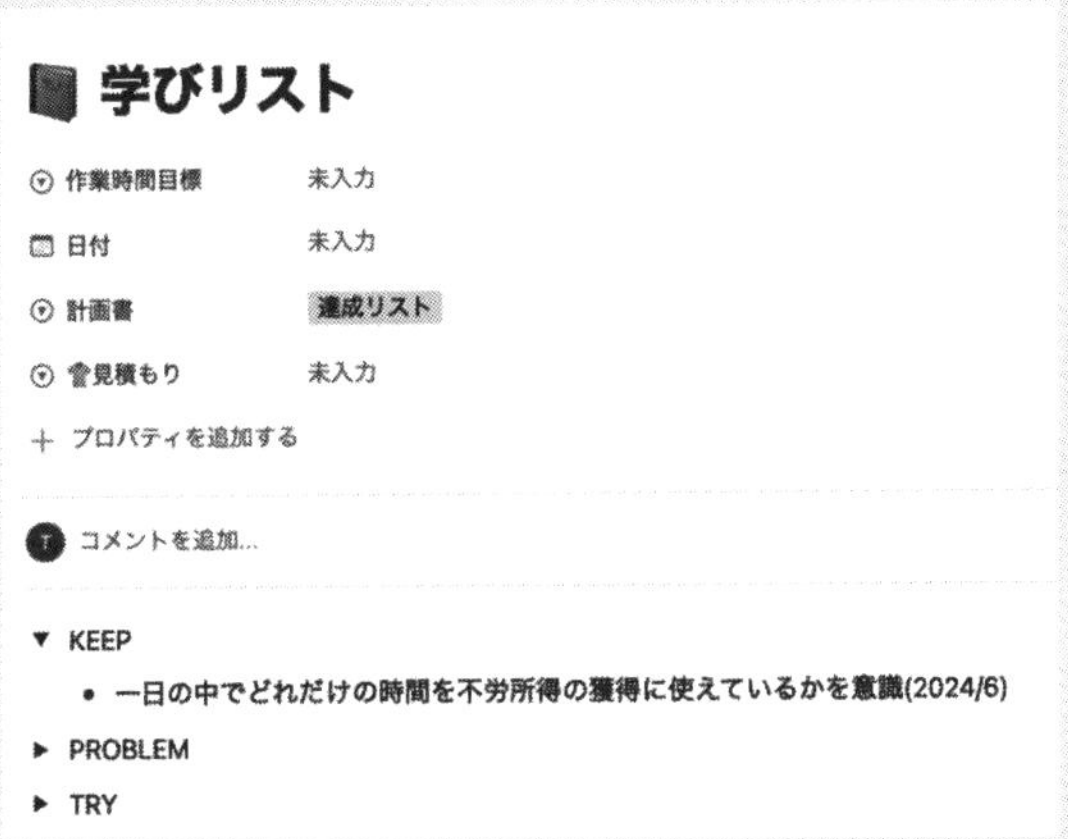

Kさんは月曜日の朝に週次振り返りを導入しました。その結果、「Keep」として1日の中でどれだけの時間を不労所得の獲得に使えているかを意識することで、副業へのモチベーションが向上することに気づきました。

1週間に一度振り返ることで、Kさんは副業に対する取り組みの動機づけが強化され、効率的に目標達成に向かって進むことができました。

⑪週次アクションデザインを導入

次の週が始まる際に、また新たに週次アクションリストを作成する時間が必要になります。この課題を解決するのが「週次アクションデザイン」の導入です。毎週決まった時間に、次週のゴール設定とアクションの割り振りを行います。これにより、継続的な改善と計画のスムーズな実行が可能になります。

Kさんの実践例

Kさんは週次アクションデザインを月曜日の朝に導入し、今週の週次ゴールは「電子書籍の出版」に決めました。これを達成するために①〜⑩を実行し、集中してアクションを進められたので、無事上梓《じょうし》できました。

⑫人生アクションデザインを導入

やりたいことリストには新たな要素がどんどん追加されます。ここでの問題は、人生アクションリストが更新されていないことです。⑧で直近2週間分のアクションの作業時間を見積もっても、その先のアクションを更新しなければ、やりたいことリストの項目は増える一方で実行できません。

そこで、人生アクションリストを定期的に見直し、更新する時間を確保する「人生アクションデザイン」を導入します。この仕組みによって、長期的な目標と短期的な計画が連携し、より効果的に目標を達成できるようになります。

Kさんの実践例

Kさんは人生アクションデザインを月曜日の朝に導入しました。価値観が変わったことでリストを刷新することができました。

⑬人生デザインの導入

以前作った「人生計画書」をもとにウェルスクを実行していても、時間とともに長期的な目標の優先度や価値観が変わることもあります。例えば、書籍を読んだことで、あなたの人生の価値観が変わったとします。それなのに人生計画書を更新する時間を設けていいなければ、「今」＝最新のあなたが大切にしたいことや、やりたいことにはいつまで経っても着手できません。

そこで「人生デザイン」を導入します。毎年決まった日に人生計画書を見直し、更新する時間を確保しましょう。これにより、最新の価値観に基づいた計画を立て、持続的な幸福を追求する道を進んでいくことができます。

Kさんの実践例

Ｋさんは、書籍『DIE WITH ZERO』を読んだことで、人生の価値観が変わりました。Ｋさんは人生デザインを年初に導入し、今年は富の最大化ではなく、経験の最大化を目指すことにします。

ステップバイステップで、最小限からウェルスクを実践する方法をご紹介しましたが、**これからのウェルスクの更新は、あなた次第**です。課題を感じたら、このようにシステム自体を改善し、持続的な幸福への道を進んでいきましょう。


次が、本書の最終 chapter です。

ウェルスクを実践した方からよくいただく質問とその解決策を中心に紹介します。

実践する中でつまずいたときや、ウェルスクを活用する幅を仕事以外にも広げたいときなどに、【応用編】としてぜひ参考にしてください。

chapter 11

ウェルビーイングスクラム

応用編 Q&A

“あなたの時間は限られているので、
他人の人生を生きるために
無駄にしてはいけない。”

——スティーブ・ジョブズ

Q 一つのアクションの大きさはどのように設定すればいいですか?

アクションの大きさを設定する方法は、思いついた大きさと最長1時間に分割する2ステップあります。

まず、アイデアをメモするときは、アクションの大きさ(規模)を気にせず、素早く書き留めましょう。次に、週次アクションデザインの際には、最長で1時間単位に分割します。

Q ウェルスクを習慣づけたいのですが……。

ウェルスクを習慣づけるためには、いくつかの工夫が必要です。

まず、**開始する敷居を低くする**ことが大切です。

例えば、Notionをブラウザのお気に入りに追加して、ワンクリックでウェルスクを起動できるようにします。スマートフォンのホーム画面に、Notionアプリのアイコンを配置しておくことも効果的です。

次に、**IF-THENプランニングを活用**します。つまり、ウェルスクを起動するタイミングの条件を決めるのです。「朝にPCを開いたら（IF）、ウェルスクの日次アクションデザインをする（THEN）」といった条件を設定します。

さらに、PCを開いたときに**自動的にNotionのデスクトップアプリを開くように設定する**ことも可能です。具体的な設定方法については、MacやWindowsなどのOSに応じて説明します。

自動起動——Macの場合

①アップルメニュー＞「システム設定」を選択し、サイドバーで「一般」をクリックしてから、右側で「ログイン項目」をクリックする

※下にスクロールする必要がある場合があります

② ログイン項目のリストの下にある「追加」ボタンをクリックし、書類、フォルダ、アプリ、サーバーなどの項目を選択してから、「追加」をクリックする

自動起動——Windows の場合

① 「設定」＞「アプリ」を開きます。「スタートアップ」を選択する

② 切り替えスイッチの ON/OFF で、ＰＣ起動時のアプリの自動起動を設定する

Q 今使っている「タスク管理ツール」から、ウェルスクに移行することはできますか？

タスク管理ツールからウェルスクに移行する際は、タスク管理ツールにあるタスクをすべてウェルスクの「やりたいことリスト」に移動（コピー）するだけです。

その際に、不要なタスクや目的が不明確なタスクを追加しないように注意しましょう。移行するタイミングでタスクの「断捨離」を行うのがおすすめです。

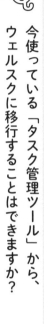

Q 休憩に何をすればいいですか?

休憩中に何をするかは自由です。デスクワークが中心の方は、「**目を休めること**」が重要です。5分休憩の際の、おすすめの活動を挙げておきます。

- 目を閉じて深呼吸やリラックスするエクササイズを行う
- 正しい姿勢に整え、軽いストレッチや体操をする
- 立ち上がってデスクの周りを歩き回る
……気分転換になりますし、身体の硬直を防ぎます。
- 心をリフレッシュさせるために、好きな音楽を聴く
- 静かに座って、自分の思考を整理する

これらの活動を行うことで、リフレッシュした状態で次の作業に取り組むことができます。

私は、**15分休憩の際は「昼寝」をする**ことが多いです。特に考えてもわからない課題に直面した場合、とりあえず情報を頭に入れて昼寝をすると、目が覚めたときに解決策が思い浮かぶことが多いです。

Q 新しいアクションがどんどん増えて、「日次アクションリスト」が終わりません……。

新しく追加されたアクションが多すぎて、日次アクションリストを完了させることが難しい場合は、**その日に増えたアクションをすぐに日次アクションリストに追加しない**ことが大切です。

日次アクションリストは項目が増えないリスト（クローズリスト）にします。よほど緊急性が高くなければ、次の日以降に取り組んでも問題ないはずです（マニャーナの法則）。数日以内にする必要性があるものは、週次アクションリスト内で調整します。緊急性が低いものは、やりたいことリストに追加しましょう。

Q ポモドーロ・テクニックを使ってもアクションに集中できない場合、どうすればいいですか？

体調が万全であるなら作業環境を見直すことが重要です。研究によれば、作業中に目の前にスマホがあるだけで効率が下がることが示されています。したがって、次のような対策を考えることが有効です。

- 作業中は、スマホを別の部屋に置くか、サイレントモードにしておく
- 作業スペースを整理し、気が散らないようにする
  ……不要なものを取り除き、清潔で片づいた環境を保ちます。
- 集中力を高めるために、BGM（背景音楽）やホワイトノイズを流す
- 作業時間中に断続的な休憩を取り入れ、脳のリフレッシュを促す
  ……一般的なポモドーロ・テクニックでは、「25分の作業＋5分の休憩」が推奨されていますが、個人の集中力に合わせて調整してください（本書で推奨しているのは「15分の作業＋5分の休憩」）。

これらの対策を一つずつ試してみて、作業効率と集中力を向上させてください。

Q 予定外に届いたメールへの対応は、どうすればいいですか？

メールへの返事は、習慣としてIF-THEN方式で記載します。午前中は創造的な仕事が適しているため、「**ランチタイムの後（IF）、メールを返す（THEN）**」がおすすめです。

参考までに、私の対応を紹介します。これは、マニャーナの法則を活用しています。

①前日に届いた「1日分のメール」をいったん〝処理フォルダ〟に入れる
②今日は処理フォルダのメールにだけ返事をする
③今日届いたメールには返事をしない

メールの文面をざっと読み、「返信の緊急性が非常に高いものだけは返す」と決めていれば、予定外のメールに時間を奪われることがなくなります。

Q つい、スマホを見てしまいます……。

スマホをつい見てしまう場合は、**スマホをつまらないものにする**ことが大切です。スマホの誘惑を遠ざけられる具体的な対策として、次の方法がおすすめです。

- **ホーム画面の整理**

ホーム画面に配置するアプリを最低限に抑えます。頻繁に使わないアプリや、寿命を奪うように感じるアプリは削除します。削除が難しい場合は、少なくともホーム画面から削除します。

- **通知の管理**

スマホの通知を制限すると、無駄に集中力が切れることを防げます。特に、SNSやゲームの通知は制限すると効果的です。

■ デジタルデトックス

定期的な「デジタルデトックス」を行います。例えば、寝る前の1時間はスマホを使用しない。お風呂でスマホを触らないなどが効果的です。

Q 家で作業に集中できない場合、どうすればいいですか？

家で作業に集中できない場合は、次の3つの方法が有効です。

① 作業場所の変更

図書館、カフェ、またはコワーキングスペースなど、外部の作業場所で作業することを検討しましょう。新しい作業環境で作業することで、集中力が向上しやすくなります。周囲が作業している環境であれば、作業に集中しやすくなる場合があります。

② ノイズキャンセリング

周囲の騒音が気になる場合は、耳栓やノイズキャンセリング機能を搭載したイヤホンを利用して、外部の音を遮断しましょう。これにより、静かな環境を作り出し、集中力を高めることができます。

③作業スケジュールの設定

家での作業時間を固定し、毎日同じ時間に作業を行うようにします。定期的な作業時間を設けることで作業への意識を高め、集中しやすくなります。

Q ウェルスクは、「個人」でしか活用できませんか？

ウェルスクは「家族」でも実践可能です。家族間でウェルスクを導入すると、日々の家族関係を改善することができます。

実際、私自身も夫婦でこの方法を採用しています。家族でアクションを整理できるため、とても便利です。私はここ1年で6回引っ越したのですが、ウェルスクのおかげでスムーズに実行できました。

家族でのウェルスクは、まず「家族の人生計画書」を作成します。そして、それぞれのやりたいことリストのうち、家族にまつわるアクションが「家族全体のやりたいことリスト」に統合されます。例えば、家を買う・海外旅行に行くといった大きなものから、週末に作り置きおかずを作る・ドラマを観るといった日常的な小さなやりたいことなどです。

日々のアクションプランを立てることは難しいかもしれませんが、週次の家族会議を通じて進捗を確認することがおすすめです。

私は毎週土曜日の朝に行う家族会議で、次のアジェンダ（話し合う項目）を使用しています。ぜひあなたの家庭でも活用してみてください。

- 先週のポジティブな出来事の共有
- 先週の改善すべき点の共有
- 先週からの学びや気づきの共有
- 今週の予定の確認（Google カレンダーを使用）
- お互いの改善点についての共有
- やりたいことリストの更新と分担

本chapterでは、ウェルビーイングスクラムの応用編として、よくある質問とその解決策を紹介しました。これらのQ&Aを参考に、自分に合ったウェルビーイングスクラムを取り入れ、効果的に実践していきましょう。

おわりに

ウェルスクは、タスク管理の結論です。この手法を取り入れることで、日常生活や仕事における目標達成や成果の最大化が可能となります。

しかし、**ウェルスクを実践する際には、単にアクションをこなすだけでなく、自己成長や幸福感を追求することが重要**です。

ウェルスクの最大の魅力は、その**柔軟性**と**適応性**にあります。個々のニーズや状況に合わせてカスタマイズできるため、誰にでも適用可能です。また、ウェルスクは常に改善を重視しており、日々の経験やフィードバックをもとに進化させていくことができます。

さらに、ウェルスクを実践すると、自己管理能力や集中力、目標設定能力などのスキルが向上します。これらのスキルは、仕事や学業、趣味の追求など、人生のあらゆる領域で役立ちます。

最後に、ウェルスクの効果を高めるために最も重要なことをお伝えします。

それは、**継続**と**コミットメント**です。新しい習慣を身につけるには時間がかかることもありますが、諦めずに取り組むことが成功の秘訣《ひけつ》です。失敗や挫折も「経験の一部」として受け入れ、そこから学びながら前進していくことが大切です。

ウェルスクは、単なる自己管理の手法を超えて、あなたの人生を豊かにし、目標達成への道を照らす力強い〝コンパス〟となります。継続的な実践と改善を通じて、あなた自身の成長を見守り、未来への航海を楽しみましょう。

ウェルスクを活用して、素晴らしい未来を築かれることを願っています。

２０２４年10月　北村拓也

Amazonへのレビューには基本的にすべて返事をします。レビューへの返信は、ブログ（https://rebron.net/blog/contentlist/）で行っています。ご意見やご感想をお待ちしております。

参考文献

- THE IMPACT OF AGILE. QUANTIFIED. Available: https://docs.broadcom.com/doc/the-impact-of-agile-quantified
- Jeff Sutherland, J.J. Sutherland“Scrum: The Art of Doing Twice the Work in Half the Time”（Crown Currency）
- 竹内弘高・野中郁次郎「The New New Product Development Games」(1986年)
- “What Really Matters in Life? Mexican Fisherman Meets Harvard MBA”Available: https://www.wanttoknow.info/051230whatmattersinlife
- M. E. Seligman, “Flourish: A Visionary New Understanding of Happiness and Wellbeing.,” NY. Simon and Schuster, New York, 2011.
- L. E. W. ,. A. A. ,. M. A. W. Margaret L Kern, “A multidimensional approach to measuring well-being in students: Application of the PERMA framework,” J. Posit Psychol, 2014.
- S. I. H. S. Y. J. Y. a. D. S. I. Donaldson, “Examining building blocks of wellbeing beyond PERMA and self-report bias,” J. Posit. Psychol, 2020.
- デビッド・アレン『はじめてのGTD ストレスフリーの整理術』(二見書房)
- 小林香織　勉強の集中力は“15分”が限界？　脳科学の専門家に聞く「集中」のコツ Available: 朝日新聞「EduA」 https://www.asahi.com/edua/article/14949004
- 池谷裕二　集中力の維持と長期的な学習効果につながる方法（東京大学・池谷裕二教授の見解）Available: 朝日新聞DIGITAL　http://www.asahi.com/ad/15minutes/article_02.html
- C. T.-E. A. C. S. G.-L. A. F. A. S. J. S. Wolffsohn, “The effects of breaks on digital eye strain, dry eye and binocular vision: Testing the 20-20-20 rule,” Contact Lens & Anterior Eye, 2022.
- ハイディ・グラント・ハルバーソン『やり抜く人の9つの習慣 コロンビア大学の成功の科学』（ディスカヴァー・トゥエンティワン）
- B. &. S. J. Wansink, “Mindless eating: The 200 daily food decisions we overlook” Environment and Behavior, 2007.
- 角田泰隆（監修・石井清純）『禅と林檎　スティーブ・ジョブズという生き方』（宮帯出版社）
- State Of Agile, “16th Annual State Of Agile Report,” 2022. Available: https://stateofagile.com/
- Scrum Inc, “New Scrum The Book,” Available: https://www.scruminc.com/new-scrum-the-book/

- State of scrum 2017-2018. Available: https://www.scrumalliance.org/ScrumRedesignDEVSite/media/ScrumAllianceMedia/Files%20and%20PDFs/State%20of%20Scrum/2017-SoSR-Final-Version-(Pages).pdf
- 西村和雄 “幸福感と自己決定—日本における実証研究,”Available: https://www.rieti.go.jp/jp/publications/rd/126.html.
- 速水俊彦, “外発と内発の間に位置する達成動機づけ,” 心理学評論 Vol.38,No2,171-193, 2020.
- タル・ベン・シャハー『Happier: 幸福も成功も手にするシークレット・メソッド』(幸福の科学出版)
- M. Killingsworth「幸せになりたい？　目の前のことに集中しましょう」[Performance]. TED, 2011.
- S. AKIYAMA　進化論を「再定義」する物理学者、ジェレミー・イングランドとの対話　Available: WIRED　https://wired.jp/2016/08/21/interview-jeremy-england/
- ブロニー・ウェア『死ぬ瞬間の５つの後悔』(新潮社)
- センディル・ムッライナタン、エルダー・シャフィール『いつも「時間がない」あなたに：欠乏の行動経済学』(早川書房)
- アラン・ピーズ、バーバラ・ピーズ『自動的に夢がかなっていくブレイン・プログラミング』(サンマーク出版)
- 犬飼ターボ『CHANCE チャンス』(PHP 研究所)
- ブライアン・トレーシー『ゴール：最速で成果が上がる 21 ステップ』(PHP 研究所)
- リチャード・コッチ『人生を変える 80 対 20 の法則』(CCC メディアハウス)
- マイク・マクマナス『ソース～あなたの人生の源は、ワクワクすることにある。』(ヴォイス)
- スティーブン・R・コヴィー『7 つの習慣 - 成功には原則があった！』(FCE パブリッシング)
- 苫米地英人（監修：マーク・シューベルト）『「言葉」があなたの人生を決める』(フォレスト出版)
- indeed, “Wheel of Life: What It Is and How To Use It To Find Balance,” 2023. Available: https://www.indeed.com/career-advice/career-development/wheel-of-life
- H. J. P. M. G. W. Klug, “Linking goal progress and subjective well-being: A meta-analysis.,” Journal of Happiness Studies, 2015.
- J. J. F. A. W. A. G. Alex M Wood, “Gratitude and well-being: a review and theoretical integration,” Clinical Psychology Review , 2010.

- ビル・パーキンス『DIE WITH ZERO　人生が豊かになりすぎる究極のルール』（ダイヤモンド社）
- ジェームズ・クリアー『ジェームズ・クリアー式 複利で伸びる1つの習慣』（パンローリング株式会社）
- チャールズ・デュヒッグ『習慣の力』（講談社）
- A. V. H. H. A. &. M. D. Carron, “Social influence and exercise: A meta-analysis.,” 1996.
- v. J. C. P. H. W. J. Lally P, “How are habits formed: Modelling habit formation in the real world.,” Eur J Soc Psychol. , 2010.
- M. E. M. Robert A Emmons, “Counting blessings versus burdens: an experimental investigation of gratitude and subjective well-being in daily life,” J Pers Soc Psychol , 2003.
- M. A. B. P. M. D. L. W. B. M. H. K. A. B. S. H. W. E. C. A. L. B. R. W. A. H. A. S. James A Blumenthal, “Exercise and pharmacotherapy in the treatment of major depressive disorder,” Psychosom Med, 2007.
- T. N. H. Jon Kabat-Zinn, ull Catastrophe Living: Using the Wisdom of Your Body and Mind to Face Stress, Pain, and Illness, Delta, 1990.
- T. A. S. Martin E P Seligman, “Positive Psychology Progress: Empirical Validation of Interventions.,” American Psychologist, 2005.
- H.-Z. W. J. G. S. H. Jin-Liang Wang, “The Mediating Roles of Upward Social Comparison and Self-esteem and the Moderating Role of Social Comparison Orientation in the Association between Social Networking Site Usage and Subjective Well-Being,” Front Psychol, 2017.
- L. Riopel, “Appreciative Inquiry: Key Research and Fields of Application,” 27 4 2019. Available: https://positivepsychology.com/appreciative-inquiry-research/
- マーク・フォースター『マニャーナの法則 明日できることを今日やるな』（ディスカヴァー・トゥエンティワン）
- S. I. a. D. S. I. Donaldson, “Examining PERMA+4 and work role performance beyond self-report bias: insights from multitrait-multimethod analyses.,” J. Posit. Psychol., 1-10., 2021.
- S. E. J. H. B. a. L. S. Margolis, “What Are the Most Important Predictors of Subjective Well-Being? Insights From Machine Learning and Linear Regression Approaches on the MIDUS Datasets,” Psyarxiv, 2021.
- E. E. R. A. L. R. J. &. G. S. Diener, “The Satisfaction with Life Scale. Journal of Personality Assessment,” Journal of Personality Assessment, 1985.
- マーティン・セリグマン『ポジティブ心理学の挑戦“幸福”から“持続的幸福”へ』（ディスカヴァー・トゥエンティワン）

【著者】
北村拓也　Takuya Kitamura

博士（工学）。1992 年、福島県生まれ。広島大学工学部でプログラミングに出合い、在学中に子ども向けプログラミングスクール「TechChance!」（全国 20 店舗以上展開）をはじめ、学習アプリ開発会社（売却）、サイバーセキュリティ教育会社などを連続起業。これまでに「U-22 プログラミングコンテスト」コンピュータソフトウェア協会会長賞、「IoT Challenge Award」総務大臣賞、「CVG 全国大会」経済産業大臣賞、「人工知能学会研究会」優秀賞、文部科学省支援の高度 IT 人材育成プログラム「enPiT」全国優勝など、40 以上の賞を受賞。未踏事業採択。
5 社の役員を務めながら、広島大学大学院工学研究科情報工学専攻学習工学研究室を飛び級で卒業し、博士号（工学）を取得。広島大学の学長特任補佐、web3 関連事業や高校でアドバイザーとして活躍。現在は広島大学の特任助教として学生の起業支援に取り組んでいる。中学時代の不登校経験を活かし、教育分野でも情報発信を行う。著書に『知識ゼロからのプログラミング学習術』（秀和システム）など 10 冊以上（電子書籍含む）。趣味は小説執筆とテニス。

【監修者】
廣山祐仁　Yuji Hiroyama

精神科医。東京医科歯科大学医学部卒業後、同大学病院精神神経科にて研修。その後は民間精神科病院の常勤医師となり、臨床医として研鑽。精神保健指定医、精神科専門医、日本医師会認定産業医。専門は精神病理学、産業精神医学。
2002 年に東京海上日動メディカルサービス株式会社に入社し、「アドバンテッジ EAP（従業員支援プログラム）」事業の立ち上げに参画。「ココロの健康診断 eMe（イーミー）」の開発メンバー。現在、同社の副医療本部長兼メンタルヘルス事業部長。働く人々のメンタルヘルス・ウェルビーイング向上のため、EAP 事業「TMS ナビゲーター」を統括するビジネスパーソンでもある。

ブックデザイン・挿絵（52、94 ページ）：木村勉
DTP・図表：横内俊彦
挿絵（はじめに・各 chapter 扉）：YUIHALF
校正：髙橋宏昌
編集：鈴木遥賀

「いつも時間がない人」のための
タスク管理の結論

2024 年10月23日　初版発行

著　者　北村拓也
監修者　廣山祐仁
発行者　野村直克
発行所　総合法令出版株式会社
〒 103-0001 東京都中央区日本橋小伝馬町 15-18
EDGE 小伝馬町ビル 9 階
電話　03-5623-5121
印刷・製本　中央精版印刷株式会社

ISBN 978-4-86280-967-4
総合法令出版ホームページ　http://www.horei.com/